Die Bergpredigt

Die Bergpredigt

Auszüge aus

Das ist Mein Wort
A *und* Ω

Das Evangelium Jesu

Die Christusoffenbarung,
welche die Welt nicht kennt

Christus,
der Sohn Gottes,
der Mitregent der Himmel,
der Erlöser aller Menschen und Seelen,
der Erbauer und Herrscher
des Reiches Gottes auf Erden,
offenbart sich wieder.

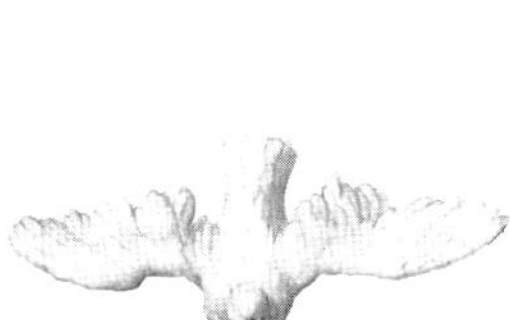

Verlag DAS WORT GmbH
Der Universelle Geist
Leben im Geiste Gottes

4. Auflage 1999

Max-Braun-Str. 2, 97828 Marktheidenfeld
Tel. 09391/504-135, Fax 09391/504-133

1. - 3. Auflage erschienen bei
Universelles Leben e.V., Würzburg

Druck: Carl Ziegler, Neckarbischofsheim

ISBN 3-89201-061-7

Inhalt

Einführung

Jesus von Nazareth schenkte der Menschheit vor nahezu zweitausend Jahren die Bergpredigt. Wir können wesentliche Teile dieser Lehre der Bibel entnehmen (Matth. 5-7). Die Bergpredigt enthält die Essenz der Lehre Jesu – Kernaussagen für ein Leben nach den Gesetzen Gottes, Hinweise für den Umgang mit unseren Mitmenschen, mit den Tieren, mit der Natur. Wer diese Lehren in seinem täglichen Leben in die Tat umsetzt, wird sehr bald verspüren, daß sich sein Leben ändert, daß es friedvoll und positiv wird.

Kirchenführer und Politiker gerade der sogenannten christlichen Welt behaupten dagegen, diese Lehre sei eine Utopie und nicht in die Tat umsetzbar.

War Jesus von Nazareth somit ein Utopist?

Oder war Er der Realist, der uns Menschen den Weg aus dem Irrgarten des menschlichen Ichs weisen konnte?

Christus, der Sohn Gottes, ging als Jesus von Nazareth über diese Erde. Sein Erlösergeist lebt und wirkt seit dem »Vollbracht« auf Golgatha in jedem einzelnen von uns. Er sprach in den vergangenen zweitausend Jahren immer wieder durch Prophetenmund. Heute, in dieser mächtigen Zeit des Umbruchs, offenbart Er sich erneut über Seine Prophetin. Er erläutert und vertieft Seine Lehren, die Er den Menschen als Jesus von Nazareth gab. Das geschieht auch in Seinem großen Offenbarungswerk »Das ist Mein Wort. A und Ω. Das Evangelium Jesu. Die Christusoffenbarung, welche die Welt nicht kennt«.

Dieses Werk geht weit über den Inhalt der Bibel hinaus; es gibt uns eine gewaltige Gesamtschau von dem, was war, von dem, was ist, und von dem, was sein wird. Christus schenkt der Menschheit in dieser Offenbarung auch allumfassende Hinweise für ein wahrhaft geistiges Leben nach den göttlichen Gesetzen. Somit erfüllen sich in diesem Werk Seine Worte, die Er als Jesus von Nazareth sprach: »Noch vieles hätte Ich euch zu sagen ...« (Joh. 16,12) Aufbauend auf dem »Evangelium Jesu«, einem schon bestehenden, außerbiblischen Evangeliumstext, beschreibt Christus in diesem Buch, »Das ist Mein Wort«, Sein Leben und Wirken als Jesus von Nazareth; Er zeigt uns insbesondere auf, w i e wir in unserer heutigen Zeit nach den Gesetzen Gottes, nach den Zehn Geboten und der Bergpredigt leben können, und Er läßt uns vorausblikken in die Zukunft, in Sein Friedensreich auf der Erde.

Die Bergpredigt Jesu enthält die Essenz des Weges nach Innen, den Christus heute im Universellen Leben durch Sein Prophetisches Wort in allen Stufen und Details lehrt. Der Innere Weg »Näher, mein Gott, zu Dir« ist der Weg der Selbsterkenntnis und Überwindung der menschlichen Fehler aus Liebe zu Gott. Wer diesen Pfad zur Selbstlosigkeit, zu Gleichheit, Freiheit, Einheit, Brüderlichkeit und Gerechtigkeit erfolgreich beschreitet, erhält die Kraft, die Bergpredigt und die Zehn Gebote im täglichen Leben – auch in Beruf und Wirtschaft – mehr und mehr zu erfüllen.

Das vorliegende Buch möchte allen suchenden Menschen die Bergpredigt Jesu näherbringen – nicht nur die in der Bibel festgehaltenen Teile, sondern die Lehrrede mit Erklärungen und Vertiefungen, die Christus heute der Menschheit durch Sein Prophetisches Wort gegeben hat. Darüber hinaus soll das vorliegende Buch dem Leser auch Einblick geben in die Tiefe des Offenbarungswerkes »Das ist Mein Wort. A und Ω. Das Evangelium Jesu. Die Christusoffenbarung, welche die Welt nicht kennt«.

In diesem Werk baut Christus auf dem Buch »Das Evangelium Jesu. Was war vor 2000 Jahren« auf. Weil darin manches jedoch lückenhaft und mitunter falsch überliefert ist, erklärt und berichtigt Christus heute diesen Text. Jene Stellen, auf die der Herr nicht näher eingeht, stimmen im wesentlichen mit der Wahrheit Seines Lebens und Wirkens als Jesus von Nazareth überein. Darüber hinaus vertieft und erweitert Christus wesentliche Berichte im »Evangelium Jesu«. Somit ist in dem Gesamtwerk »Das ist Mein Wort« der Menschheit nun die ganze Wahrheit gegeben, alle wesentlichen Aspekte des Lebens Jesu und Seiner Lehre.

In dem Buch »Das ist Mein Wort« folgen auf einen oder mehrere Verse des »Evangelium Jesu« jeweils die Worte, mit denen Christus 1989 diese Abschnitte erklärt, berichtigt und vertieft. Dieser Aufbau ist auch bei der Wiedergabe des hier vorliegenden Auszuges beibehalten worden. Um den Text zu untergliedern und übersichtlich zu gestalten, sind jedoch Überschriften gesetzt.

Im Offenbarungstext der Bergpredigt aus »Das ist Mein Wort« sind hier nicht wiedergegeben die Worte

Christi an die künftigen Bewohner Seines Friedensreiches bezüglich des Lebens und Wirkens der Pioniere für dieses Reich, da diese Aussagen nicht den Text der Bergpredigt betreffen.

Die hier vorliegende Broschüre enthält auch die Zwölf Gebote Jesu, die Christus jetzt in Seinem Offenbarungswerk »Das ist Mein Wort« (Kap. 46, 7-21) der Menschheit erneut gegeben hat. Es sind im wesentlichen die Zehn Gebote, die Gott durch Mose offenbarte, welche Jesus von Nazareth erweitert hat für Sein werdendes Friedensreich auf Erden.

Für den Leser, der die Gebote der Bergpredigt Jesu in seinem Leben verwirklichen möchte, wird folgende Information ebenfalls von Bedeutung sein: Nach dem vollen Inhalt Seiner Bergpredigt und nach der Offenbarung des Weges zu Gott im Innersten jedes Menschen hat Christus 1991 uns noch das Höchste offenbart, das Absolute Gesetz, in Seinem Werk »Die großen kosmischen Lehren des Jesus von Nazareth an Seine Apostel und Jünger, die es fassen konnten. Das Leben der wahren gotterfüllten Menschen«. Es ist das Gesetz der Himmel, all jenen als weitere Hilfe gegeben, die sich aufgemacht haben, durch die Erfüllung der Gesetze Gottes wieder reinen Herzens zu werden.

Gott gab und gibt. Er fragt nicht, ob Menschen Sein Wort, das Gotteswort, erkennen und danach leben. Jedder kann prüfen und sich entscheiden. Wer es fassen kann, der fasse es.

Die Christusfreunde
im Universellen Leben

Die Bergpredigt

Die Seligpreisungen

1. Da Jesus die Menge des Volkes sah, ging Er auf einen Berg. Und als Er sich gesetzt hatte, kamen die Zwölf zu Ihm. Er blickte auf zu Seinen Jüngern und sprach:

2. »Selig im Geiste sind die Armen, denn ihrer ist das Himmelreich. Selig sind, die da Leid tragen, denn sie sollen getröstet werden. Selig sind die Sanftmütigen, denn sie werden das Erdreich besitzen. Selig sind, die da hungert und dürstet nach der Gerechtigkeit, denn sie sollen gesättigt werden.

3. Selig sind die Barmherzigen, denn sie werden Barmherzigkeit erlangen. Selig sind, die reinen Herzens sind, denn sie werden Gott schauen. Selig sind die Friedensstifter, denn sie werden Kinder Gottes heißen. Selig sind, die um der gerechten Sache willen Verfolgung leiden, denn ihrer ist das Reich Gottes.

4. Ja, selig seid ihr, wenn euch die Menschen hassen und euch ausstoßen werden aus ihrer Gemeinschaft und allerlei Übles wider euch reden und euren Namen ächten um des Menschensohnes willen. Freut euch an jenem Tage und hüpfet vor Freude, denn siehe, euer Lohn ist groß im Himmel. Denn Gleiches taten ihre Väter den Propheten. (Kap. 25, 1-4)

Christus erklärt, berichtigt und vertieft das Wort:

Die Bergpredigt ist der Innere Weg zum Herzen Gottes, der zur Vollendung führt.

Die Seligen werden den Christus schauen und mit Mir, dem Christus, in aller Sanftmut und Demut das Erdreich besitzen. Wohl dem, der die Herrlichkeit des Vater-Mutter-Gottes in allem schaut. Er ist zum lebendigen Vorbild für viele geworden.

Ich führe die Meinen zur Erkenntnis der Wahrheit.

Wer aus der Wahrheit ist, hört Meine Stimme, weil er die Wahrheit ist und daher auch die Wahrheit hört und schaut.

Die Seligen sind furchtlos und freudig, denn sie schauen und hören, was jene nicht sehen und hören, die sich noch hinter ihrem menschlichen Ich verbergen und dieses mit äußerster Anstrengung halten, um nicht erkannt zu werden.

Doch die Seligen schauen in den Kerker menschlichen Ichs hinein und erkennen die verborgensten Gedanken ihrer Mitmenschen. Sie leuchten mit der Kraft ihres lichten Bewußtseins hinein und rufen ihren Mitmenschen zu:

»Selig im Geiste sind die Armen, denn ihrer ist das Himmelreich!«

Mit den Worten »die Armen« ist nicht materielle Armut gemeint. Nicht diese bringt die Seligkeit im Geiste, sondern die Gottergebenheit, aus welcher der Mensch erfüllt, was Gottes Wille ist. Sie ist innerer Reichtum.

Mit den Worten »die Armen« sind alle jene gemeint, die nicht nach eigenem Besitz streben und keine Güter horten. Ihr Denken und Trachten gilt dem Gemeinschaftsleben, in dem sie die Güter, die Gott allen geschenkt hat, in gesetzmäßiger Weise verwalten. Sie sinnen und trachten nicht nach Weltlichem. Sie dienen dem Gemeinwohl und strecken ihre Arme nach Gott aus und gehen bewußt den Weg zum Inneren Leben. Ihr Ziel ist das Reich Gottes in ihrem Inneren, das sie allen Menschen verkünden und bringen wollen, die guten Willens sind. Ihr innerer Reichtum ist das Leben in Gott, für Gott und für ihre Nächsten. Sie leben das Gebot »Bete und arbeite«.

Sie streben dem Geiste Gottes zu und empfangen für ihr irdisches Leben von Gott, was sie benötigen, und darüber hinaus. Das sind die Seligen im Geiste Gottes.

»Selig sind, die da Leid tragen, denn sie sollen getröstet werden.«

Das Leid des Menschen ist nicht von Gott, sondern der Leidende hat es entweder selbst verursacht – oder seine Seele hat im Seelenreich einen Teil der Schuld einer Bruder- oder Schwesterseele übernommen, um für diese im Erdendasein abzutragen, damit die Bruder- oder Schwesterseele in höhere Bereiche Inneren Lebens einzugehen vermag.

Wer sein Leid trägt, ohne seinen Nächsten zu beschuldigen, und im Leid seine Fehler und Schwächen erkennt, diese bereut, um Vergebung bittet und vergibt, dem wird Gottes Barmherzigkeit zuteil werden. Denn Gott, der Ewige, möchte Seine Kinder trösten und von ihnen das hinwegnehmen, was nicht gut und heilsam für ihre Seele ist. Denn wenn das Leid die Seele verläßt, wenn also die Ursachen, die in der Seele wirksam wurden, getilgt sind, findet der Mensch näher zu Gott.

»Trage dein Leid« heißt: Klage nicht darüber; klage Gott nicht an und auch nicht deine Nächsten. Finde in deinem Leid dein sündhaftes Verhalten, das zu diesem Leid geführt hat.

Bereue, vergib und bitte um Vergebung, und tue das nicht mehr, was du als Sünde erkannt hast. Dann kann die Seelenschuld von Gott getilgt werden, und du empfängst aus Ihm sodann vermehrt Kraft, Liebe und Weisheit.

Wenn du einem leidtragenden und leidgeprüften Menschen begegnest und er dich um Hilfe bittet, so stehe ihm bei und hilf ihm, soweit es dir möglich ist und es gut für seine Seele ist. Und wenn du erkennst, daß dein Nächster die Hilfe dankbar annimmt und sich mit ihr aufbaut, dann gib ihm darüber hinaus, so es dir möglich ist.

Doch du, der du Hilfe bringst, tue dies selbstlos. Wenn du dies nur aus äußerer Verpflichtung tust, so wirst du dafür keinen geistigen Lohn empfangen – und du wirst auch der Seele des Leidtragenden und Leidgeprüften keinen Dienst erweisen, sondern nur dem Körper, dem Gefährt der Seele.

»Selig sind die Sanftmütigen, denn sie werden das Erdreich besitzen.«

Sanftmut, Demut, Liebe und Güte gehen Hand in Hand. Wer zur selbstlosen Liebe geworden ist, der ist auch sanftmütig, demütig und gütig. Er ist erfüllt von Weisheit und Kraft.

Menschen in Meinem Geiste, die selbstlos Liebenden, werden das Erdreich besitzen. O sehet, der Weg zum Herzen Gottes ist der Weg in das Herz der selbstlosen Liebe. Aus der selbstlosen Liebe strömt der Friede Gottes.

Die Menschen, die zum Herzen Gottes hinwandern, und die Menschen, die schon in Gott leben, wirken für die Neue Zeit, indem sie alle willigen Menschen den Weg zu Gott lehren. Damit nehmen sie das Erdreich mehr und mehr in Meinem Geiste in Besitz.

»Selig sind, die da hungert und dürstet nach der Gerechtigkeit, denn sie sollen gesättigt werden.«

Wer nach der Gerechtigkeit Gottes hungert und dürstet, ist ein Wahrheitssuchender, der sich nach dem Leben in und mit Gott sehnt. Er soll gesättigt werden.

Mein Bruder, Meine Schwester, die du dich nach der Gerechtigkeit, dem Leben in und mit Gott, sehnst, sei getrost, und erhebe dich aus dem sündhaften menschlichen Ich! Freue dich, denn die Zeit ist angebrochen, in der das Reich Gottes den Menschen näher kommt, die sich bemühen, die Gebote des Lebens zu halten.

Siehe, Ich, dein Erlöser, Bin die Wahrheit in dir selbst. In dir selbst also Bin Ich der Weg, die Wahrheit und das Leben.

Die Wahrheit ist das Gesetz der Liebe und des Lebens. In den Zehn Geboten, welche Auszüge aus dem allumfassenden Gesetz Gottes sind, findest du die Merk-sätze für den Weg zur Wahrheit. Beachte die Zehn Gebote, und du gelangst immer mehr auf den Weg der Bergpredigt, in welcher der Weg zur Wahrheit grundlegend ausgeführt ist.

Der Weg zur Wahrheit ist der Weg zum Herzen Gottes, zu dem ewigen Leben, das selbstlose Liebe ist. Die Bergpredigt ist der Weg in das Reich Gottes, in die Gesetze für das Friedensreich Jesu Christi. Vertiefst du dich in sie und erfüllst du sie, dann gelangst du zur göttlichen Weisheit.

Erkenne: Keiner soll nach der Gerechtigkeit hungern oder dürsten. Vollziehe den ersten Schritt hin zum Reiche der Liebe, indem du zuerst zu dir selbst gerecht bist. Übe dich im positiven Leben und Denken, und du wirst ganz allmählich ein gerechter Mensch werden. Dann bringst du die Gerechtigkeit Gottes in diese Welt; und du vertrittst diese auch, weil du den Willen Gottes, des Herrn, erfüllst, aus Seiner Liebe und Weisheit.

Erkenne: Die Zeit ist nahe, in der geschieht, was offenbart ist. Der Löwe wird beim Lamme liegen, weil die Menschen den Sieg über sich selbst errungen haben – durch Mich, ihren Erlöser. Sie werden eine große Familie in Gott bilden und mit allen Tieren und der ganzen Natur in Einheit leben.

Freuet euch, das Reich Gottes ist nahe herbeigekommen – und mit dem Reiche Gottes auch Ich, euer Erlöser und Friedensbringer, der Herrscher des Friedensreiches, des Weltreiches Jesu Christi.

»Selig sind die Barmherzigen, denn sie werden Barmherzigkeit erlangen.«

Die Barmherzigkeit Gottes entspricht der Sanftmut und der Güte Gottes und ist für alle Seelen das Tor zur Vollendung des Lebens. Die Menschen, die durch

Mich, den Christus, der Ich im Vater-Mutter-Gott lebe, alle sieben Grundkräfte des Lebens – das Gesetz von der Ordnung bis zur Barmherzigkeit – in ihren Seelen entfaltet haben, werden wieder als reine Geistwesen durch das Tor der Barmherzigkeit in die selbstlose Liebe, in das Reich Gottes, in die Himmel, eingehen und in Frieden leben. Das Tor zum ewigen Sein bildet die siebte Grundkraft, die Barmherzigkeit – im Geiste Gottes Güte und Sanftmut genannt. Alle Menschen, die sich in der Barmherzigkeit üben, werden auch Barmherzigkeit erlangen und jenen beistehen, die sich auf dem Wege zur Barmherzigkeit befinden.

Erkennet: Der Weg zum Herzen Gottes ist der Weg des einzelnen in der Gemeinschaft mit Gleichgesinnten. Denn Gott ist Einheit, und Einheit in Gott ist Gemeinschaft in und mit Gott und mit den Nächsten.

Wer die ersten Schritte auf dem Wege zur Vollendung getan hat, der wird das Gebot der Einheit erfüllen: Einer für alle, Christus – und alle für Einen, Christus.

Die Bergpredigt ist, wie offenbart, der Evolutionsweg hin zum Inneren Leben. Alle jene, die auf diesem Entfaltungsweg hin zum Herzen Gottes vorangeschritten sind, helfen wieder denen, die erst am Beginn des Weges stehen. In und über allen leuchtet der Christus, der Ich Bin.

»Selig sind, die reinen Herzens sind, denn sie werden Gott schauen.«

Das reine Herz ist die reine Seele, die sich wieder zum absoluten Geistwesen emporgeschwungen hat durch Mich, den Christus im Vater-Mutter-Gott.

Die reinen Seelen, die wieder zu Wesen der Himmel wurden, sind dann wieder das Ebenbild des ewigen Vaters und schauen den Ewigen wieder von Angesicht zu Angesicht. Sie schauen, leben und vernehmen zugleich das Gesetz des ewigen Vaters, weil sie wieder Geist aus Seinem Geiste geworden sind – das ewige Gesetz selbst.

Solange Menschen und Seelen den Geist Gottes in sich noch erhorchen müssen, sind sie noch nicht Geist aus Seinem Geiste, noch nicht das Gesetz der Liebe und des Lebens selbst.

Wer jedoch wieder zum Gesetz der Liebe und des Lebens geworden ist, der schaut den ewigen Vater von Angesicht zu Angesicht und steht mit Ihm in ständiger, bewußter Kommunikation. Er schaut auch das Gesetz Gottes, das Leben aus Gott, als Ganzes, weil er selbst das Leben und die Liebe ist und sich darin bewegt. Wer sich im Absoluten Gesetz Gottes bewegt, der hat es auch ganz erschlossen – von der Ordnung bis zur Barmherzigkeit. Ihm dienen alle sieben Grundkräfte der Unendlichkeit, weil er in absoluter Einheit und Harmonie mit allem Sein ist.

»Selig sind die Friedensstifter, denn sie werden Kinder Gottes heißen.«

Diese Worte bedeuten dem Sinne nach: Selig sind, die Frieden halten. Sie werden auch den wahren Frieden auf diese Erde bringen, weil sie in sich selbst friedfertig geworden sind. Sie sind bewußt die Kinder Gottes.

»Selig sind, die um der gerechten Sache willen Verfolgung leiden, denn ihrer ist das Reich Gottes.«

Erkennet: Wer Mir nachfolgte, wurde von den Weltlingen nicht geachtet, weil auch Ich als Jesus von ihnen mißachtet wurde. Zu allen Zeiten mußten Menschen, die in die wahre Nachfolge des Nazareners traten, viel erdulden und erleiden.

Die Weherufe

5. Wehe euch, die ihr reich seid! Denn ihr habt in diesem Leben euren Trost empfangen. Wehe euch, die ihr satt seid, denn ihr werdet hungern. Wehe euch, die ihr jetzt lacht, denn ihr werdet trauern und weinen. Wehe euch, wenn alle Menschen gut von euch sprechen, denn so machten es auch ihre Väter mit den falschen Propheten. (Kap. 25, 5)

Christus erklärt, berichtigt und vertieft das Wort:

»Wehe euch, die ihr reich seid! Denn ihr habt in diesem Leben euren Trost empfangen.«

Menschen, die ihren Reichtum als ihr Eigentum ansehen, sind arm im Geiste. Vielen der an irdischen Gütern Reichen wurde für ihr Erdenleben die geistige

Aufgabe in die Wiege gelegt, ein Vorbild für jene Reichen zu sein, die mit verstockten, unnachgiebigen Herzen sich an ihren Reichtum binden und deren einziges Denken und Trachten es ist, diesen für sich selbst zu vermehren. Ein Mensch, der an irdischen Gütern reich ist und erkannt hat, daß sein Reichtum eine Gabe ist, die er nur dazu von Gott empfangen hat, daß er sie in das große Ganze für das Wohl aller einbringt und sie dort rechtmäßig für alle verwaltet – der verwirklicht das Gesetz der Gleichheit, Freiheit, Einheit und Brüderlichkeit. Er trägt als ein selbstloser Geber mit dazu bei, daß die Armen nicht in Entbehrung und die Reichen nicht in Luxus leben.

Auf diese Weise wird allmählich ein Gleichgewicht, ein gehobener Mittelstand hergestellt für alle, die bereit sind, das Gesetz »Bete und arbeite« selbstlos zu erfüllen. So erwächst ganz allmählich das wahre Menschentum einer Gemeinschaft, deren Glieder keinen auf die Person bezogenen irdischen Reichtum sammeln, sondern alles als Gemeinbesitz betrachten, der ihnen von Gott gegeben ist.

Wenn der Reiche Geld und Gut als sein Eigen betrachtet und in der Welt seines Reichtums wegen angesehen ist, wird er – als Wirkung auf seine Ursachen – in den nächsten Erdenleben in armen Ländern leben und dort um das Brot betteln, das er einst als Reicher Armen versagt hat. Das ist so lange gegeben, wie derartige Einverleibungen noch möglich sind.

Die Seele eines solchen Reichen wird auch in den Reinigungsebenen keine Ruhe finden. Die lichtarmen Seelen, die seinetwegen im Erdenkleid Leid und Hunger erdulden mußten, werden ihn als den wiedererkennen, der ihnen vorenthalten hat, was ihnen aus den Verstrickungen menschlichen Ichs hätte heraushelfen können. Viele werden ihn anklagen, und dann wird seine Seele selbst spüren, wie diese gelitten und gehungert haben. Auf diese Weise kann eine Seele, die im Erdenkleid als Mensch reich und angesehen war, große Not erleiden; diese Not ist viel größer, als wenn sie im Erdenkleid um Brot hätte betteln müssen.

Erkennet: Nach den Gesetzen des Ewigen gebührt jedem, der selbstlos das Gebot »Bete und arbeite« hält, das gleiche; denn Gott gibt jedem, wessen er bedarf, und darüber hinaus. Solange jedoch noch nicht alle Menschen sich an dieses Gebot halten, gibt es auf der Erde die sogenannten Reichen. Ihre Aufgabe ist es, ihren angesammelten Reichtum auszuteilen und ebenso zu leben wie die, die selbstlos das Gebot »Bete und arbeite« erfüllen. Wenn sie in dieser Weise nicht an ihr Wohl denken, sondern an das Wohl aller, dann kehrt sich allmählich der innere Reichtum nach außen, und kein Mensch wird hungern oder darben.

Wehe euch, ihr Reichen, die ihr euer Geld und Gut euer Eigen nennt und eure Nächsten dafür arbeiten laßt, daß euer Vermögen sich vermehrt! Ich sage euch: Ihr werdet Gottes Thron nicht schauen, sondern weiter dort leben, wo Gottes Füße sind – auf Erden, immer wieder in Erdenkleidern, solange dies noch möglich ist. Auch wenn ihr soziale Einrichtungen fördert, selbst jedoch um vieles reicher seid als jene, die daraus unterstützt werden, so seid ihr dennoch dem Satan der Sinne hörig, der die Unterschiede von arm und reich will.

Durch diese Unterschiede entstehen Macht und Unterwürfigkeit, Neid und Haß. Daraus ergeben sich Streit und Kriege. Daher dienen die, welche ihren Reichtum festhalten, auch dann, wenn sie hin und wieder sozial denken, dem Satan der Sinne und handeln gegen das Gesetz des Lebens: gegen Gleichheit, Freiheit, Einheit und Brüderlichkeit.

Wer Geld und Güter als sein Eigen betrachtet und für sich hortet, anstatt diese materiellen Energien fließen zu lassen, der ist nach dem Gesetze des Lebens ein Dieb, da er seinen Nächsten einen Teil ihres geistigen Erbes vorenthält. Denn alles ist Energie. Wer sie bindet durch »Mein und Mir«, handelt gegen das Gesetz, das fließende Energie ist.

»Wehe euch, die ihr satt seid, denn ihr werdet hungern.«

Der reiche, satte Mensch, der allein »seine« Scheunen füllt, ist im Herzen leer. Er kennt nur das Mein und Dein. Seine Sinne und Gedanken drehen sich um »mein« Eigentum, »meinen« Besitz, »mein« Brot, »meine« Speise. »Das alles gehört mir« – dies ist seine Welt. Ein solcher Mensch wird einst hungern und darben, bis er begreift: Alles ist das Sein; alles gehört Gott und allen Menschen, die sich bemühen, Gottes Werke zu tun: die selbstlose Liebe und das Gesetz des Lebens für die Erde »Bete und arbeite« zu erfüllen.

Menschen, die nur von Mein und Dein sprechen, sind lichtarme Menschen, die schon in dieser Einverleibung einen weiteren Erdenweg vorbereiten oder eine lange Wanderung ihrer Seele im Seelenreich, jeweils im Kleide des Bettlers.

Die vom Materiellen geblendete Seele hungert unbewußt nach Licht, weil sie lichtarm ist. Zwanghaft versucht sie dies mit äußeren Dingen auszugleichen wie mit irdischem Reichtum, Habgier, mit Völlerei, Trunksucht oder anderen Begierden und Genüssen. Sie ist unersättlich.

»Wehe euch, die ihr jetzt lacht, denn ihr werdet trauern und weinen.«

Wer über seine Nächsten lacht und spottet, der wird einst sehr traurig sein und über sich selbst weinen – weil er jene verkannt hat, über die er sich lustig gemacht und die er verspottet hat. Er wird erkennen müssen, daß er letztlich sich selbst verlacht, verhöhnt und verspottet hat. Denn wer über seinen Nächsten richtet und urteilt, ihn verlacht, verhöhnt und verspottet, der richtet, verurteilt, verlacht, verhöhnt und verspottet Mich, den Christus.

Erkennet: Wer sich am Geringsten Meiner Brüder versündigt, der versündigt sich am Gesetze des Lebens und wird darunter zu leiden haben. Zugleich hat er sich an jene gebunden, die er mißachtet hat. Daher sehet euch vor und übt Selbstkontrolle. Nicht was durch den Mund eingeht, verunreinigt eure Seele, sondern was von eurem Mund ausgeht, das belastet die Seele und den Menschen.

»Wehe euch, wenn alle Menschen gut von euch sprechen, denn so machten es auch ihre Väter mit den falschen Propheten.«

Wenn ihr euren Mitmenschen nach dem Munde redet, damit sie euch loben und ihr bei ihnen angesehen seid, so seid ihr gleich den Falschmünzern, die um ihres Vorteils willen mit falscher Münze zahlen.

Ähnlich verhielt und verhält es sich auch mit den falschen Propheten. Sie waren und sind bei dem Volke angesehen, weil sie ihm nach dem Munde redeten und weil die Angesehenen des Volkes zu ihnen hielten, da sie sich dadurch persönlichen Vorteil und Nutzen versprachen.

Erkennet, ihr Menschen im Friedensreich: In der sündhaften Welt wurden viele gerechte Propheten und auch erleuchtete Männer und Frauen von den irdischen Reichen und den Machthabern dieser Welt, von Kirchenführern und ihren Anhängern verleumdet und verfolgt und viele von ihnen gefoltert und getötet. Das Satanische hat zu allen Zeiten jene als Werkzeuge benützt, die ihren irdischen Reichtum für sich halten und vermehren wollten, die Macht erstrebten, und auch die, welche den Reichen und Machthabern hörig waren.

Das müßt ihr wissen, damit ihr versteht, warum die alte, sündhafte Welt auf grausame Art und Weise unterging.

Falsche Propheten waren unter anderem auch jene, die das Evangelium der Liebe wohl predigten, jedoch selbst nicht danach lebten. Und es waren auch all jene, die sich »Christen« genannt haben und sich in ihrem Leben unchristlich verhielten. Sie wurden oft gerühmt wegen ihrer Redekunst und geehrt und gelobt wegen ihres Reichtums und Ansehens.

O sehet, dennoch trugen alle wahren Propheten und Erleuchteten im Laufe der Zeiten dazu bei, daß der Kristall des Inneren Lebens mit seinen vielen Facetten der ewigen Wahrheit immer mehr funkelte und leuchtete. Auf diese Weise baute sich ganz allmählich das Reich Gottes auf Erden auf.

Für euch, liebe Brüder und Schwestern im Friedensreich, gilt es, diesen nun vollkommenen, funkelnden und leuchtenden Kristall, das Innere Leben, wie eine kostbare Blume zu hegen und zu pflegen, zu hüten und zu bewahren: Es ist das Gesetz der Liebe und Weisheit Gottes, Seine Ordnung, Sein Wille, Seine Weisheit, Sein Ernst, Seine Güte, Seine unendliche Liebestrahlung und Seine Sanftmut.

Ihr seid das Salz der Erde

6\. *Ihr seid das Salz der Erde, denn jegliches Opfer muß mit Salz gesalzen werden, doch wenn das Salz seinen Geschmack verloren hat, womit soll man salzen? Es ist hinfort zu nichts nütze, denn daß es ausgeschüttet und unter den Füßen zertreten wird. (Kap. 25, 6)*

Christus erklärt, berichtigt
und vertieft das Wort:

Die Gerechten sind das Salz der Erde.

Sie werden immer wieder auf Mißstände in dieser Welt aufmerksam machen und den Finger auf die Wunde der Sünde legen. Denn viel Unheil geschah und geschieht in dieser noch sündhaften Welt – und viele Menschen wurden zum Opfer um des Evangeliums willen.

Die Gerechten, die zum Opfer wurden, sollen von gerechten Männern und Frauen rehabilitiert werden, denn alles soll offenbar werden durch das Salz der Erde. Jetzt, in der Zeit des Umbruchs von der alten, sündhaften Welt zur Neuen Zeit, der Lichtzeit, werden die Gerechten das Unrecht ans Licht bringen und es offenbar werden lassen, auf daß jene, die Unrecht getan haben, sich selbst erkennen und Buße tun.

Hütet euch jedoch, ihr Gerechten, die ihr das Salz der Erde seid, daß es nicht an Geschmack verliert, daß ihr also in der Gerechtigkeit bleibt und euch nicht verführen laßt. Denn wer soll die Gerechtigkeit in diese Welt bringen, und wer soll auf die Mißstände und Sünden, die Menschen geschaffen haben, hinweisen? Doch nur jene, die Meinen Namen kennen und die im Buche des Lammes stehen.

Wer nicht mehr das Salz der Erde ist, der gerät unter jene, die Meinen Namen für ihre Zwecke mißbraucht haben und mißbrauchen und die Gerechten verfolgt, verleumdet und getötet haben.

Wenn das Salz der Erde an Geschmack verliert und der Mensch seine Nächsten mißachtet, dann wird er seinen eigenen Ursachen erliegen; im Bild gesprochen: Er wird sich selbst zertreten. Seine ungesühnten Ursachen rufen dann Krankheit, Siechtum und Leid hervor. Die lichtarme Seele wird darben und das an ihrem eigenen Seelenleibe spüren, was sie an ihrem Nächsten verursacht hat.

Ihr seid das Licht der Welt

7. Ihr seid das Licht der Welt. Die Stadt, die auf einem Hügel erbaut ist, kann nicht verborgen sein. Man zündet auch kein Licht an und stellt es unter den Scheffel, sondern auf einen Leuchter, und es gibt Licht allen, die im Hause sind. So lasset euer Licht leuchten vor den Leuten, daß sie eure guten Werke sehen mögen und euren Vater im Himmel preisen. (Kap. 25, 7)

Christus erklärt, berichtigt und vertieft das Wort:

Ich Bin das Licht der Welt.

An Meinem Lichte entzündeten sich in der gewaltigen Zeitenwende immer mehr Herzen. Die Menschen erkannten die ewige Wahrheit in Meinem Worte. Immer mehr Menschen gingen den Inneren Weg und nahmen das Geschenk des Lebens an, die Lehren und

Lektionen aus der ewigen Wahrheit, um Gott, dem ewigen Sein, näher zu kommen.

Viele Männer und Frauen wurden Meine Getreuen, denn sie erfüllten Gottes Willen. Sie verbrüderten sich in Meinem Geiste und wurden die Pioniere für die Neue Zeit, die das Fundament des Reiches Gottes auf Erden gründeten und auf diesem aufzubauen begannen.

Folget Mir nach

8. Ihr sollt nicht denken, daß Ich gekommen Bin, das Gesetz oder die Propheten zu zerstören; Ich Bin nicht gekommen, zu zerstören, sondern zu erfüllen. Denn wahrlich, Ich sage euch: Bis Himmel und Erde vergehen, wird nicht der kleinste Buchstabe noch ein Tüpfelchen von dem Gesetze und den Propheten vergehen, bis daß alles erfüllt ist. Doch siehe, ein Größerer denn Moses ist hier, und dieser wird euch das höhere Gesetz geben, sogar das vollkommene Gesetz, und diesem Gesetz sollt ihr gehorchen. (Kap. 25, 8)

Christus erklärt, berichtigt
und vertieft das Wort:

Als Jesus von Nazareth lehrte Ich die Männer und Frauen, die Mir nachfolgten, und alle, die Mir zuhörten, Teile aus dem vollkommenen Gesetz, dem Absoluten Gesetz. Ich erklärte ihnen auch, daß das Absolute Gesetz der Liebe in das Gesetz von Saat und Ernte hineinstrahlt, da der Geist allgegenwärtig ist und auch im Gesetz von Saat und Ernte, dem Gesetz des Falles, wirkt.

Durch Mich als Jesus von Nazareth, den einverleibten Christus, und durch alle weiteren wahren Gottespropheten belehrte und mahnte der Ewige Seine Kinder in den unvollkommenen Ebenen, daß das Gesetz des Falles, das Gesetz von Saat und Ernte, beständig aktiv ist. Wer sich nicht rechtzeitig besinnt und umkehrt, der wird seine Ursachen als Wirkungen zu erdulden haben. Der Ewige war und ist bestrebt, auch in der heutigen Zeit [1989] Seine Menschenkinder und alle Seelen an Sein Herz zu führen, hin zum Gesetz der ewigen Liebe, bevor die Ernte – die Wirkungen auf die von ihnen gesetzten Ursachen – auf sie zukommt. Der Ewige führte und führt sie durch Mich, Christus, zur Selbsterkenntnis. Er gab und gibt ihnen die Kraft, das zu bereinigen, was sie als Sünde und Fehler erkannt haben und erkennen.

Der Christus, der Ich Bin, kam in Jesus von Nazareth auf diese Erde, in diese Welt, um die Menschen als Menschensohn das ewige Gesetz zu lehren und es vorzuleben, auf daß sie den Weg zum ewigen Vater erkennen und Sein Gesetz erfüllen – damit sie wieder in die ewigen Wohnungen eingehen können, die Er für alle Seine Kinder bereithält.

Die Menschen, die Mir in Meiner Erdenzeit nachfolgten und die ewigen Gesetze verwirklichten, waren Meine wahren Nachfolger.

In den darauffolgenden Generationen gab es dann Christentum und Scheinchristentum: die wahren Nachfolger, die freiwillig Mir, dem Christus, nachfolgten, indem sie die Gesetze der Bergpredigt hielten – und die Scheinchristen, die nur von Mir, dem Christus, sprachen und doch gegen die Gesetze handelten. Außerdem gab es noch die sogenannte Zwangsnachfolge: Diese entstand aus der zwangsweise vollzogenen Christianisierung der Massen durch die Kirchen.

Erkennet: Im ewigen Gesetz gibt es keinen Zwang. Gott, der Ewige, hat allen Seinen Kindern den freien Willen gegeben. Wer sich frei entscheidet, der hat mit der freien Entscheidung die Kraft zu dem, was echtes Christentum prägt: Gleichheit, Freiheit, Einheit, Brüderlichkeit und Gerechtigkeit. Alle Zwänge kommen aus dem Gesetz von Saat und Ernte, das auch Fallgesetz genannt wird. Dem Menschen ist geboten, seinen geistigen Weg frei zu wählen. Ich, Christus, bot und biete den Weg zum Herzen Gottes an, doch Ich zwinge keinen Menschen, ihn zu gehen. Wer seine Nächsten zwingt, lebt selbst unter dem Zwang des Fallgesetzes und verkörpert den Fallgedanken.

Einige sogenannte christliche Konfessionen zwingen ihre Gläubigen zur Wassertaufe. Schon die Kleinkinder, deren freier Wille noch nicht entwickelt ist und die deshalb auch noch nicht selbst entscheiden können, werden durch die Wassertaufe in die Mitgliedschaft einer Kirche gezwungen und damit zur Teilnahme an ihren übrigen Ritualen veranlaßt.

Das ist ein Eingriff in den freien Willen des einzelnen, gleichsam eine zwangsweise Christianisierung. Das sind Abläufe im Fallgesetz.

Menschen, die Mich, Christus, nicht freiwillig, aus tiefster innerer Überzeugung, an- und aufnehmen, haben es oftmals sehr schwer, die Zehn Gebote, die Auszüge aus dem ewigen Gesetz, in rechter Weise zu verstehen und anzunehmen, weil diese durch viele Veräußerlichungen, dogmatische Formen, Riten, Bräuche und Kulte in den Hintergrund gedrängt wurden. In den Konfessionen wurden diese Veräußerlichungen zur Hauptsache, sie haben jedoch mit dem inneren Christentum, der Inneren Religion, nichts gemein, sondern stammen zum Teil unmittelbar aus der Zeit der Vielgötterei und des Götzentums und damit aus dem Bereich der Fallebenen.

Erst wenn sich Menschen freiwillig lösen von den ihnen aufgezwungenen Dogmen und starren Formen, von Riten und Kulten sowie von ihren eigenen Gottesvorstellungen, können sie allmählich in ihr Inneres, in ihr wahres Wesen, geführt werden. Dort, in ihrem inneren Sein, finden sie sich dann als wahres Wesen in Gott und als Bewohner des Reiches Gottes, das inwendig in jedem Menschen ist. Dieses Innere Leben ist die wahre Religion, die Innere Religion.

Erkennet: Das ewige, allumfassende, universelle Gesetz, das Gesetz der Himmel, ist unumstößlich. Es ist das Gesetz allen reinen Seins. Durch den Fall entstand das Gesetz von Saat und Ernte und kann nur aufgelöst werden durch die Verwirklichung der ewigen Gesetze. Es kann jedoch nicht umgangen werden. Das

Gesetz von Saat und Ernte wirkt so lange in jeder Seele, bis die Sünden erkannt, bereinigt, gesühnt und Mir, dem Christus Gottes, übergeben wurden. Dann ist das Fallgesetz in der Seele aufgehoben. Die Seele ist sodann weitgehend befreit von ihrer Unreinheit. Sie wird wieder das reine Wesen in Gott, welches das Absolute Gesetz lebt, da es wieder dem absoluten, allwaltenden Gesetz der Liebe und des Lebens zustrebt.

Das Gesetz von Saat und Ernte hat so lange Gültigkeit, bis alles Gegensätzliche abgegolten und in positive Energie umgewandelt ist und jedes Wesen wieder in Gott lebt, aus dem es hervorging. In dem Maße, wie alle Wesen aus Gott wieder eingegangen sind in das Herz Gottes, in das Absolute Gesetz, werden sich alle Reinigungsebenen – alle teilmateriellen und materiellen Ebenen, einschließlich der Erde – in kosmische Energie umwandeln und wieder im Absoluten Gesetz schwingen. Dann ist das Fallgesetz aufgehoben, und Gottes Liebe ist bewußt und allwaltend in allem Sein, in jedem Wesen.

Es wird kein »Tüpfelchen« vom ewigen Gesetz hinweggenommen, das die wahren Propheten vor und nach Mir gebracht haben, das Ich als Jesus von Nazareth vorlebte.

Wenn es heißt: »nicht der kleinste Buchstabe«, so ist damit der einzelne Aspekt der ewigen Wahrheit gemeint, nicht der Buchstabe und das Wort der Menschen als solches. Menschliche Worte sind oft nur Symbole, die das Innerste verbergen. Erst wenn der Mensch in die Symbolsprache hineinzuspüren vermag, erkennt er die Wahrheit und den Sinn des Lebens, der tief in den menschlichen Worten verborgen liegt.

»Das höhere Gesetz« ist der Schritt in das vollkommene Gesetz. Dieses wird den weitgehend reinen Wesen, die von der Erde und den Seelenreichen her kommen, in den Vorbereitungsebenen gelehrt, die sich vor dem Himmelstor befinden. Das höhere Gesetz ist die letzte Lehrstufe vor dem Himmelstor. Es zeigt den weitgehend reinen Wesen, wie die gesetzmäßige Strahlung im Geistleibe wieder aktiviert wird, damit sie in der Unendlichkeit angewendet werden kann.

Als Jesus von Nazareth habe Ich Teile aus dem vollkommenen Gesetz, dem Absoluten Gesetz, gelehrt. Die ganze Wahrheit mußte den damaligen Menschen noch verborgen bleiben, weil sie noch zu sehr am Götterglauben hingen und an den verschiedenen Glaubensrichtungen der damaligen Zeit orientiert waren. Deshalb sprach Ich sinngemäß: Wenn die Zeit gekommen ist, werde Ich, der Geist der Wahrheit, euch in alle Wahrheit führen.

Auf dem Berge Golgatha – das heißt: Schädelstätte – wurde Ich von den Römern gekreuzigt, weil das jüdische Volk Mich nicht als den Messias an- und aufgenommen hat. Obwohl Ich im Jordantal landauf und landab predigte, lehrte, heilte und viele Zeichen Meiner Gottheit gab, blieb das halsstarrige jüdische Volk den Templern hörig und wurde deshalb mitschuldig am Tode des Jesus von Nazareth.

Mit den sinngemäßen Worten »Es ist vollbracht« gingen in alle belasteten und gefallenen Seelen die Erlöserfunken ein. Dadurch wurde und Bin Ich der Erlöser aller Menschen und Seelen.

Als Christus Gottes wirkte und wirke Ich weiter. In allen Generationen bis zur heutigen Zeit [1989] offenbarte und offenbare Ich Mich durch wahre Gottesinstrumente, durch Menschen mit weitgehend gereinigten Seelen.

In dieser machtvollen Zeitenwende, in der die Lichtzeit den Menschen immer näher kommt, lehre Ich das ewige Gesetz in allen seinen Facetten, und immer mehr Menschen gehen den Pfad nach Innen zur Liebe Gottes.

Nun ist die Zeit gekommen, die Ich als Jesus von Nazareth ankündigte: »Heute könnt ihr es noch nicht tragen, also erfassen, doch wenn der Geist der Wahrheit kommt, wird Er euch in alle Wahrheit führen.« Nun Bin Ich im Geiste unter den Meinen, den treuen Wanderern zum ewigen Sein, zum Bewußtsein Meines Vaters, und lehre sie das absolute, ewige Gesetz, auf daß auch diejenigen, die im Friedensreiche leben werden, es erfüllen und somit in Mir leben und Ich durch sie.

Meine Worte sind Leben, sind das ewige Gesetz. Sie bleiben in den Wanderern zum ewigen Leben erhalten und auch in vielen schriftlichen Aufzeichnungen – so auch mit diesem Buch für das Friedensreich Jesu Christi.

Erkennet: Allein das ewige Gesetz der Liebe macht den Menschen frei – nicht das Gesetz von Saat und Ernte. Dieses bringt ihm nur Leid, Krankheit, Not und Siechtum.

Halte die Gebote – dann erst lehre

9. Wer nun eines von diesen Geboten, die Er geben wird, bricht und lehret die Leute ebenso zu tun, der wird der Geringste heißen im Himmelreich. Wer sie jedoch hält und lehrt, derselbe wird groß genannt werden im Himmelreich. (Kap. 25, 9)

Christus erklärt, berichtigt und vertieft das Wort:

Die Zehn Gebote, die Gott durch Moses Seinen Menschenkindern gab, sind Auszüge aus dem ewigen Gesetz des Lebens und der Liebe. Wer gegen diese Gebote verstößt, sie seine Mitmenschen nur lehrt, jedoch selbst nicht hält, der ist ein falscher Lehrer. Er sündigt wider den Heiligen Geist. Das ist die größte Sünde. Dieser Falschmünzer gebraucht Gottes Liebe, das Gesetz des Lebens, zum Selbstzweck. Dadurch mißbraucht er das ewige Gesetz. Jeder Mißbrauch ist Raub; und jeder Räuber ist ein Gejagter und Gehetzter, der von seinen eigenen Taten, von seinen eigenen Ursachen, früher oder später eingeholt und überführt wird. Denn Gott ist ein gerechter Gott; durch Ihn wird alles offenbar, sowohl das Gute als auch das weniger Gute und das Böse.

Wer jedoch das Gesetz der Liebe und des Lebens hält, das heißt im täglichen Leben erfüllt, und die Menschen das lehrt, was er selbst verwirklicht hat, der ist ein wahrer Geistiger Lehrer. Er reicht den Menschen das Brot der Himmel und wird damit viele sättigen. Wer aus der eigenen Erfüllung gibt, der ist von göttlicher Weisheit und Kraft erfüllt und wird dann, wenn die Zeit gekommen ist, wie ein Stern am Himmel leuchten. Denn der gotterfüllte Mensch schöpft aus dem Strom des Heils und gibt selbstlos denen, die nach der Gerechtigkeit hungern und dürsten.

Erkennet: Durch solche gerechten Männer und Frauen kommt das ewige Gesetz der Liebe und des Lebens in diese Welt. Wer also das ewige Gesetz hält und lehrt, der wird groß genannt werden im Himmelreich; das heißt: Er wird im Himmel reichen Lohn ernten.

Lebe nach deiner Erkenntnis

10. Wahrlich, die glauben und gehorchen, werden ihre Seelen retten, und die nicht gehorchen, werden sie verlieren. Denn Ich sage euch: Ist eure Gerechtigkeit nicht größer als die der Schriftgelehrten und Pharisäer, so werdet ihr nicht in das Himmelreich kommen. (Kap. 25, 10)

Christus erklärt, berichtigt
und vertieft das Wort:

Die Aussage: »... die glauben und gehorchen, werden ihre Seelen retten, und die nicht gehorchen, werden sie verlieren« bedeutet: Wer glaubt und die Gesetze

Gottes befolgt, der wird seine Seele von dem Rad der Wiedergeburt erretten, das ihn so lange in das Fleisch zieht, bis er alles gesühnt hat, was ihn immer wieder in die Einverleibungen gezogen hat.

Erkennet: Allein der Glaube an das Gesetz des Lebens genügt nicht. Nur der Glaube an das Leben und die Verwirklichung der Gesetze des Lebens führen Mensch und Seele heraus aus dem Rad der Wiedergeburt.

Wer die Gesetze Gottes nicht hält, der verrät Gott und verkauft seine Seele an die Finsternis. Dadurch deckt er das Licht seiner Seele, sein wahres Leben, ab. Dieser Mensch lebt sodann in der Sünde und die Seele im Schlaf dieser Welt. Das Gesetz der Einverleibung, das Rad der Wiedergeburt, das die Seele zur Einverleibung zieht, wird noch eine geraume Zeit wirksam sein, damit die einverleibte Seele erkennt, daß sie nicht von dieser Welt ist, sondern im Erdenkleid, um das abzulegen, was menschlich ist – und aufzudecken, was göttlich ist: ihr wahres, ewiges Leben.

Nicht alle, welche die Schriftzeichen kennen, deuten diese nur dem Buchstaben nach – sondern dem Sinne nach. Deshalb soll es heißen: Ist eure Gerechtigkeit nicht größer als die vieler Schriftgelehrten – die vorgeben, gerecht zu sein, und Mein Gesetz lehren, es jedoch selbst nicht halten –, so werdet ihr nicht in das Himmelreich eingehen.

Deshalb bindet euch nicht an Meinungen und Anschauungen der Menschen. Verwirklicht, was ihr aus dem Gesetze des Lebens erkannt habt; dann erkennt ihr die weiteren Schritte zu den höheren Gesetzmäßigkeiten.

Erkennet: Die Gerechtigkeit Gottes ist Gottes Liebe und Weisheit. Wer sie in sich nicht zur Entfaltung bringt, der strahlt sie auch nicht aus, schaut auch nicht in die Tiefen des ewigen Seins und ergründet auch nicht sein wahres Leben. Sein irdisches Leben ist ein Vegetieren. Er vegetiert am wahren Leben vorbei. Sowohl im Diesseits als auch im Jenseits ist er der geistig Tote. Er hat weder in diesem irdischen Dasein noch im jenseitigen Leben die richtige Orientierung, weil er nicht nach den Gesetzen des Lebens gelebt hat. Er ist nicht weise, sondern gibt nur sein gespeichertes Wissen weiter. Dadurch wird er zum Anhänger der Sünde und zuletzt ein Sünder. Er handelt wider das ewige Gesetz und fällt dadurch immer tiefer in das Gesetz von Saat und Ernte.

Versöhne dich mit deinem Nächsten

11. Darum, wenn du deine Gabe auf dem Altare opferst und wirst eingedenk, daß dein Bruder etwas gegen dich hat, so laß deine Gabe vor dem Altare und gehe zuvor hin, versöhne dich mit deinem Bruder, und alsdann komme und opfere deine Gabe. (Kap. 25, 11)

Christus erklärt, berichtigt
und vertieft das Wort:

Wenn du Mir, dem Christus, dein Leben weihen und Mir deine Fehler und Sünden übergeben möchtest und du erkennst, daß du dich mit deinem Nächsten noch nicht versöhnt hast, so lasse die Sünde zunächst vor dem inneren Altar liegen. Gehe zu deinem Nächsten und versöhne dich mit ihm – und dann, wenn du Gleiches oder Ähnliches, das zur Sünde geführt hat, nicht mehr tun willst, dann lege deine Sünde auf den Altar. Der Altar befindet sich im Innersten deines Tempels aus Fleisch und Bein. Der Geist der Liebe und des Lebens wandelt sodann die Sünde in Kraft und Leben um. Denn was du frei, ohne Zwang, bereitwillig Mir übergibst und also Gleiches oder Ähnliches nicht mehr tust, von dem wirst du Befreiung erlangen. Deine Seele empfängt sodann vermehrt das Licht aus Mir.

Beachtet folgende Gesetzmäßigkeit: Wenn ihr gegen euren Nächsten ausschließlich in Gedanken gesündigt habt durch lieblose, neidische, rachsüchtige, eifersüchtige oder haßerfüllte Gedanken, dann gehet nicht auf ihn zu, um mit ihm darüber zu sprechen. Wisset, euer Nächster kennt nicht eure Gedankenwelt. So ihr sie im Wort offenbar werden laßt, denkt er darüber nach. Kommt allein zu Mir, dem Christus, der Ich in eurem Inneren Bin, und bereut eure Gedanken und sendet gleichzeitig der Seele eures Nächsten positive, selbstlose Gedanken, Gedanken der Bitte um Vergebung und Gedanken innerer Verbundenheit. Dann löse Ich, was in Gedanken verursacht wurde. Und so ihr dann Gleiches oder Ähnliches nicht mehr denkt, so ist euch schon vergeben.

Erkennet: Wenn ihr zu eurem Nächsten von euren menschlichen Gedanken sprecht, könnt ihr unter Umständen in ihm Menschliches anrühren, das gerade in der Umwandlung begriffen ist. Es könnte dann in eurem Nächsten wieder aufbrechen. Er beginnt sodann, wieder negativ zu denken und zu sprechen, und belastet sich aufs neue.

Das Gesetz lautet: Nicht nur der belastet sich, der durch euer falsches Verhalten wieder zum Nachdenken angeregt wurde, sondern auch ihr belastet euch, die ihr eure Gedanken ausgesprochen und dadurch in eurem Nächsten Menschliches angeregt habt, das im Umwandlungsprozeß stand.

Wenn jedoch von eurem Munde Ungesetzmäßiges ausgeht, indem ihr euren Nächsten beschuldigt, beschimpft und ihm Übles nachsagt – auch dann, wenn er es über Zweite oder Dritte hört –, so geht hin und bittet ihn um Vergebung. Hat er euch vergeben, so hat euch auch der ewige himmlische Vater in Mir, dem Christus, vergeben. Hat er euch jedoch nicht vergeben, so wird euch auch euer himmlischer Vater in Mir, dem Christus, nicht vergeben können. Die Liebe des Vater-Mutter-Gottes jedoch wird das noch starre Herz mehr und mehr berühren, auf daß sich der Mensch rascher besinnt und euch vergibt, so daß euch auch Gott in Mir, dem Christus, vergeben kann und dann alles getilgt und umgewandelt ist, was einst gegensätzlich war.

Hütet euch vor eurer eigenen Zunge! Denn was von eurem Munde an Ungesetzmäßigem ausgeht, kann eurem Nächsten und euch selbst einen weit größeren Schaden zufügen als eure Gedanken, die ihr rechtzeitig, bevor sie zur Wirkung kommen, erkennt und Mir, dem Christus in euch, übergeben habt.

Erkennet eine weitere Gesetzmäßigkeit: Gedanken seht und hört ihr nicht – und doch sind sie da. Sie schwingen in die Atmosphäre, und wer Gleiches oder Ähnliches denkt, den können sie beeinflussen. So ihr sie rechtzeitig Mir übergebt, so sind sie aufgehoben – es sei denn, die Seele eures Nächsten hat sie schon in sich registriert. Dann werdet ihr so geführt, daß ihr diesem Menschen, über den ihr negativ gedacht habt, Gutes tun könnt. Und so ihr selbstlos Gutes tut, ohne eure ehemaligen Gedanken auszusprechen, dann wird in der Seele dessen, über den ihr gegensätzlich gedacht habt, das gelöscht, was er schon in seine Seele aufgenommen hatte. Dann ist auch in euch gelöscht, was eure Seele ausgestrahlt hat.

Vergib – und bitte um Vergebung

12. *Werde schnellstens einig mit deinem Widersacher, solange du noch mit ihm auf dem Wege bist, auf daß dich dein Widersacher nicht einst dem Richter überantwortet, und der Richter überantwortet dich dem Schergen, und du wirst nicht früher herauskommen, bis du nicht den letzten Pfennig bezahlt hast. (Kap. 25,12)*

Christus erklärt, berichtigt und vertieft das Wort:

»Werde schnellstens einig mit deinem Widersacher, solange du noch mit ihm auf dem Wege bist« heißt: Laß die Sünde, die du an deinem Nächsten begangen hast, nicht anstehen! Bereinige sie so rasch wie möglich, denn noch ist er mit dir auf dem Lebensweg im Erdendasein. Ist seine Seele von der Erde gegangen, dann mußt du unter Umständen warten, bis wieder eine Begegnung stattfinden kann und du ihn um Vergebung bitten kannst.

Erkennet: Der Richter ist das Gesetz von Saat und Ernte. Wird dieses wirksam, dann wird der Mensch so lange nicht herauskommen, bis er »den letzten Pfennig« bezahlt hat – bis also alles gesühnt ist, was er verursacht und nicht rechtzeitig bereut hat.

Nutzt deshalb die Chance, euren Nächsten um Vergebung zu bitten und ihm zu vergeben, solange ihr mit ihm noch auf dem Weg über die Erde wandert und die Sünde sich noch nicht in die Seele eingegraben hat und zur Ursache geworden ist. Wer nicht vergibt und nicht um Vergebung bittet, der hat die Wirkung zu tragen, bis er »den letzten Pfennig bezahlt« hat.

Werdet also so rasch wie möglich eins mit eurem Nächsten. Haben die Ursachen – z.B. Streit, Mißgunst oder Neid – bereits in eurer Seele Wurzeln gefaßt und ist dies auch in eurem Nächsten geschehen, gegen den ihr seid, dann ist es möglich, daß euer Nächster euch nicht so rasch vergibt – auch dann nicht, wenn ihr eure

Sünde erkannt und bereut habt. Denn in seiner Seele kann sich der Schuldkomplex verfestigt haben durch die gleiche oder ähnliche Denkweise, die ihr in ihm ausgelöst habt. Durch euer sündhaftes Verhalten, das ihr über längere Zeit genährt habt, hat auch er den Groll gegen euch in seiner Seele gefördert – und hat so, wie auch ihr, ein umfangreiches gegensätzliches Energiefeld geschaffen, einen Schuldkomplex, der nun von euch beiden bearbeitet werden muß. Die Bereinigung kann noch in diesem Erdendasein auf euch zukommen oder erst in den Seelenreichen oder in weiteren Inkarnationen.

Erkennet: Bevor ein Schicksal über den Menschen hereinbricht, wird er vom Geiste des Lebens, der auch das Leben der Seele ist, und auch vom Schutzgeist oder durch Menschen ermahnt. Die Ermahnungen aus dem Geiste sind feinste Empfindungen, die aus der Seele strömen oder die der Schutzgeist in die Empfindungs- oder Gedankenwelt des Menschen einfließen läßt. Sie ermahnen den Menschen, umzudenken oder zu bereinigen, was er verursacht hat. Der ewige Geist des Lebens und der Schutzgeist können auch Menschen anregen, auf denjenigen zuzugehen, der kurz vor einem Schicksalsschlag steht. Sie kommen sodann auf den Betroffenen zu und beginnen ein Gespräch, das sich wie von selbst auf die Angelegenheit bezieht. Daraus könnte dann die Ursache für das sich anbahnende Schicksal erkannt und bereinigt werden.

Ihr erkennt also, daß das ewige Licht auf mannigfache Art und Weise Ermahnungen und Hinweise gibt –

sowohl dem Nächsten, mit dem ihr Ursachen geschaffen habt, als auch euch selbst.

Auch durch Impulse über Tagesereignisse wird der Mensch rechtzeitig ermahnt, bevor das von ihm Verursachte als Schicksal über ihn hereinbricht.

Wer solche Hinweise ernst nimmt und das, was er an Sünde erkannt hat, durch Reue, Vergeben, die Bitte um Vergebung und Wiedergutmachen bereinigt, der muß nicht das von ihm Verursachte tragen. Ist die Sünde groß, dann ist es möglich, daß er davon einen Teil zu tragen hat, jedoch nicht das Ganze, das aus der Seele herausbrechen wollte. Wer jedoch alle Ermahnungen übersieht und überhört, weil er sich mit menschlichen Dingen betäubt, der wird seine selbstgeschaffenen Ursachen zu tragen haben, bis »der letzte Pfennig bezahlt« ist.

Liebe deine Feinde

13. Ihr habt gehört, daß gesagt ist: Du sollst deinen Nächsten lieben und deinen Feind hassen. Ich aber sage euch, die ihr hört: Liebet eure Feinde, tut Gutes denen, die euch hassen. (Kap. 25, 13)

Christus erklärt, berichtigt
und vertieft das Wort:

Das Gebot des Lebens lautet: »Liebet eure Feinde, tut Gutes denen, die euch hassen.«

Jeder Mensch sollte in jedem Mitmenschen seinen Nächsten, seinen Bruder und seine Schwester, sehen. Auch in den scheinbaren Feinden sollt ihr eure Nächsten erkennen und euch bemühen, sie selbstlos zu lieben.

Der scheinbare Feind kann dir sogar ein guter Spiegel zur Selbsterkenntnis sein, dann, wenn du dich wegen der Feindseligkeit – die viele Gesichter haben kann – erregst; denn wenn euch etwas an eurem Nächsten erregt, liegt Gleiches oder Ähnliches in euch selber vor.

Kannst du jedoch deinem Nächsten, der dich beschuldigt und angeklagt hat, ohne größere Erregung vergeben, dann liegt bei dir keine Entsprechung vor; du hast also nicht Gleiches oder Ähnliches in dir und deshalb hierfür keine Resonanz in deiner Seele. Es ist möglich, daß du das, wessen du beschuldigt wurdest, schon in Vorleben bereinigt oder gesühnt hast – oder auch noch nie in deiner Seele aufgebaut hast. Es lag dann nur in der Seele dessen, der gegen dich gedacht, gesprochen und dich beschuldigt hat. Wenn also in dir keine Erregung anklingt, kein Echo aus deiner Seele kommt, dann warst du für ihn der Spiegel. Ob er in diesen Spiegel für sein menschliches Ich schaut oder nicht – das überlasse Gott und ihm, Seinem Kind.

Erkenne: Allein schon durch deinen Anblick regte sich sein Gewissen und spiegelte ihm zu, daß er einst über dich z.B. gegensätzlich gedacht und gesprochen hat. Nun hat er die Möglichkeit, das zu bereinigen. Tut er dies, indem er bereut und fortan nicht mehr Gleiches oder Ähnliches denkt oder tut, dann ist es in seiner

Seele behoben, also umgewandelt. Dann erst wird er dich mit den Augen des Inneren Lichtes sehen.

Ein Zeichen dafür, daß sich in einer Seele Gegensätzliches zum Positiven gewandelt hat, ist das Wohlwollen und Verständnis dem Nächsten gegenüber.

Segnet, die euch fluchen

14. Segnet, die euch fluchen, und betet für die, die euch aus Bosheit mißbrauchen. Auf daß ihr Kinder seid eures Vaters, der im Himmel ist, und der die Sonne aufgehen läßt über dem Bösen und über dem Guten und Regen sendet über den Gerechten und den Ungerechten. (Kap. 25, 14)

Christus erklärt, berichtigt
und vertieft das Wort:

Wer diese Gebote hält, der ist gegenüber seinen Mitmenschen gerecht und wird durch sein Leben in Gott viele Menschen zum Leben in Gott führen. Gott straft und züchtigt Seine Kinder nicht. Das sagen schon die Worte: »... der die Sonne aufgehen läßt über dem Bösen und über dem Guten und Regen sendet über den Gerechten und den Ungerechten.«

Gott ist der Geber des Lebens, weil Er selbst das Leben ist. Aus dem ewigen Gesetze des Lebens gab Gott den Menschen den freien Willen zur freien Entscheidung für oder gegen Ihn. Wer für Ihn ist, der hält die ewigen Gesetze der Liebe und des Lebens und wird auch vom ewigen Gesetz die Gaben der Liebe und des Lebens empfangen. Wer gegen das ewige Gesetz empfindet, denkt und handelt, der empfängt das, was er gesät, also empfunden, gedacht, gesprochen und getan hat.

Jeder empfängt also, was er selbst gesät hat. Wer gute Saat sät, also Gottes Gesetze erfüllt, wird auch gute Früchte ernten. Wer menschliche Saat sät, die er als menschliche Empfindungen, Gedanken, Worte und Taten in den Acker seiner Seele einbringt, der wird auch entsprechende Früchte ernten.

Daraus erkennt ihr, daß Gott nicht in den Willen des Menschen eingreift. Er ist Geber, Helfer, Mahner, Führer und Beschützer jener, die sich bemühen, Seinen Willen zu tun, weil sie sich Ihm zuwenden. Wer sich von Ihm abwendet, indem er sein eigenes, menschliches Gesetz schafft, der wird auch von seinem eigenen, menschlichen »Ichheitsgesetz« gesteuert werden.

Gott greift also nicht in das Gesetz von Saat und Ernte ein. Gott kommt Seinen Kindern auf mannigfache Art und Weise entgegen, und die, die Ihn von Herzen bitten und erfüllen, was Ich, Christus in Gott, Meinem Vater, ihnen geboten habe – einander selbstlos zu lieben –, die sind in Gott, und Gott wirkt durch sie.

Nimm deine Nächsten von Herzen an

15. Denn so ihr die liebet, die euch lieben, was für Lohn werdet ihr haben? Denn auch die Sünder lieben, die sie lieben. Und wenn ihr Gutes tut denen, die euch Gutes tun, was für Lohn werdet ihr haben? Denn auch Sünder tun dasselbe. Und so ihr nur eure Brüder grüßet, was tut ihr mehr denn die anderen? Tun so nicht auch die Zöllner? (Kap. 25, 15)

Christus erklärt, berichtigt und vertieft das Wort:

Nimm also deinen Nächsten in deinem Herzen an und auf, auch dann, wenn er dich nicht liebt, auch dann, wenn er dir nicht beisteht und dich mißachtet, indem er dir den Gruß verwehrt. Liebe du ihn! Stehe du ihm selbstlos bei, und grüße du ihn – und sei es nur in Gedanken, wenn er mit Worten nicht gegrüßt werden möchte. Auch ein Herzensgruß, der in Gedanken gegeben wird, geht in seine Seele ein und bringt zur rechten Zeit gute Früchte.

Achtet also darauf, daß ihr euch wie die Sonne verhaltet, die gibt – ob der Mensch sie sehen oder nicht sehen möchte, ob er sich Regen oder Sturm wünscht, ob er nach Kälte oder nach Wärme verlangt.

Gebt die selbstlose Liebe, wie die Sonne der Erde gibt, und achtet alle Menschen, alles Sein. Dann werdet ihr den Lohn im Himmel empfangen.

Redet nicht den Menschen nach dem Munde. Macht keine Unterschiede wie die Menschen, die sich nur zu jenen gesellen und nur mit denen sind, die ihr Denken und Tun teilen und die Andersdenkende und Andershandelnde verurteilen.

Binde dich nicht an Menschen oder Dinge

16. Und wenn du etwas wie dein Leben begehrst, aber es führet dich von der Wahrheit ab, lasse ab davon, denn es ist besser, in das Leben einzugehen und die Wahrheit zu besitzen, als es zu verlieren und in die äußere Finsternis gestoßen zu werden. (Kap. 25, 16)

Christus erklärt, berichtigt
und vertieft das Wort:

Was der Mensch für sich persönlich begehrt, ist auf den Menschen, auf sein niederes Ich, bezogen. Alles dies ist Bindung. Bindung heißt gebunden sein an Menschen und Dinge. Wer sich an Menschen und Dinge bindet, wer also an etwas gebunden ist, der verringert den Fluß der kosmischen Energien.

Wenn du einen Menschen allein deiner Vorteile wegen an dich bindest, dann verfolgst du mit deinem Eigenwillen Interessen, die dich vom Leben in Mir, dem Christus, abbringen. Damit verläßt du das unpersönliche, selbstlose Leben, verstrickst dich in Besitzen-, Sein- und Habenwollen und verarmst in deinem Inneren an geistigem Leben. Wenn du nicht rechtzeitig vom Besitzen-, Sein- und Habenwollen abläßt, wirst du einst alles verlieren.

Wenn du dich in den Wirkungen – etwa durch den Verlust deines Hab und Gutes oder in der Krankheit oder in der Not und im Leid – nicht selbst erkennst und dann auch nicht bereust und wiedergutmachst, wirst du als Seele und als Mensch in der Finsternis wandeln, weil du nur auf dich, auf dein persönliches Wohl, bedacht warst.

Deshalb erkenne dich jeden Tag aufs neue, und verwirkliche täglich die Gesetze Gottes, und lasse davon ab, etwas für dein persönliches Ich zu begehren. Bleibe wahrhaftig – und so dem Gesetze Gottes treu. Dann wirst du in das Leben, das dein wahres Sein ist, eingehen – und du wirst reich sein in dir, weil du in dir den Himmel erschlossen hast.

Wer kein Gefäß der Wahrheit ist, in den kann auch die Wahrheit, die unpersönlich ist, nicht einfließen. Ein solcher Mensch ist nur auf sich selbst bezogen und sammelt nur für sich selbst. Dieses Verhalten führt dazu, daß er sich von Gottes ewig fließender Kraft abwendet und ein »Tümpelleben« führt. In den Tümpel fließt nur Gegensätzliches ein und wenig ab. Das bedeutet, daß er das am eigenen Leib spüren wird, was er in seinem Tümpel angesammelt hat.

Die ewige Wahrheit fließt hingegen in dem Menschen und durch den Menschen, der ein Gefäß der Wahrheit ist. Er empfängt von Gott und gibt aus Gott und wird somit zum Quell des Lebens für viele. Die kosmische Lebensenergie, der Quell allen Seins, fließt durch alle Seinsformen und durch jene Menschen und Seelen, die sich Gott zugewandt haben, also zum Gefäß Gottes geworden sind.

Erkennet: Die ewig strömende Kraft fließt nur durch den Menschen und die Seele, die nicht für eigensüchtige Zwecke sammeln, sondern selbstlos geben. Nur durch den selbstlos Gebenden fließt unaufhörlich der Strom Gottes! Kann Gott durch den Menschen ungehindert hindurchströmen, dann lebt der Mensch in der Wahrheit, in Gott, in dem Leben, das ewig währt. Nur solche Menschen geben aus Mir, dem Leben, weil sie in Mir, dem Leben und der Wahrheit, stehen.

Werde vollkommen wie dein Vater im Himmel

17. Und wenn du etwas begehrst, das anderen Pein und Kummer bereitet, reiß' es aus deinem Herzen. Nur so wirst du Frieden erlangen. Denn es ist besser, Kummer zu erleiden, als jenen Kummer zu bereiten, die schwächer sind als ihr.

18. Seid also vollkommen, wie euer Vater im Himmel vollkommen ist.« (Kap. 25, 17-18)

Christus erklärt, berichtigt
und vertieft das Wort:

Alles, was an Ungöttlichem von dir ausgeht – wie gegensätzliche Gedanken, Worte und Taten –, kann nicht nur deinem Nächsten Pein und Kummer bereiten, sondern auch dir selbst. Denn was der Mensch sät, das wird er ernten.

Die Ernte entspricht der Saat. Sie wird immer von dem geerntet, der gesät hat – nicht von seinem Nächsten. Dein Nächster hat nicht deine Saat gesät und wird auch nicht deine Ernte ernten.

Deine Samen können jedoch Flugsamen sein – wie die Samen verschiedener Blumenarten, die vom Wind nach der Blütezeit fortgetragen werden und dort Wurzeln fassen, wo sie sich festhalten können. So können auch deine Gedanken, Worte und Taten wie Flugsamen in den Seelenacker deines Nächsten fallen und aufgehen, wenn sie dort gleiche oder ähnliche Bedingungen vorfinden.

Gleiches oder Ähnliches wie in dir liegt in ihm zugrunde, wenn er sich über deine Worte und Handlungen erregt und ärgert, du ihm damit Kummer bereitest und er, angeregt von deinem Flugsamen, Gleiches oder Ähnliches denkt, spricht und tut. Du jedoch hast es ausgelöst und kannst im Gesetz von Saat und Ernte zur Rechenschaft gezogen werden. Dir ist geboten, deinen Nächsten selbstlos zu lieben und ihm zu dienen und zu helfen – und nicht, durch dein Verhalten ihm Pein und Kummer zu bereiten.

Wenn sich dann dein Nächster durch dein ungesetzmäßiges Verhalten belastet, weil du in seinen Seelenacker eingedrungen bist und Ursachen zum Schwingen gebracht hast, unter denen er später schwer zu leiden und zu tragen hat, so bist du an ihn gebunden. Und so er auf dein Verhalten hin ebenfalls ungesetzmäßig reagiert, ist er wiederum an dich gebunden. In dieser oder in einer anderen Daseinsform werdet ihr dies miteinander zu bereinigen haben.

Erkennet: Ein kleiner, unscheinbarer Flugsame menschlichen Ichs kann eine große Ursache schaffen, die ihre Wirkung schon in sich trägt.

Erkennet also: Jede Ursache muß behoben werden!

Ein weiteres Beispiel: Wenn du deine negativen Gedanken, Worte und Taten gleich Flugsamen aussendest und dein Nächster hört, was du über ihn sprichst, er jedoch keine Notiz davon nimmt, weil er im Acker seiner Seele hierfür keine Entsprechungen hat, dann wirst nur du dich belasten und du bist an ihn gebunden – nicht er an dich. Dein Nächster kann in den Himmel eingehen, weil er deine negativen Samen nicht an- und aufgenommen hat, da er nicht Gleiches oder Ähnliches dachte und sprach wie du. Hast du jedoch in deinem Nächsten durch dein Fehlverhalten Ursachen angestoßen, die in ihm nicht hätten zur Wirkung kommen müssen, da er sie in späterer Zeit ohne Pein und Kummer hätte bereinigen können, so trägst du die größere Schuld und mußt den Teil tragen, den du an deinem Nächsten verursacht hast.

Mußt du also Pein und Kummer erdulden, dann gib nicht deinem Nächsten die Schuld an deinem Zustand.

Du selbst bist der Urheber – und nicht dein Nächster. Deine Pein und dein Kummer sind das Saatgut in deiner Seele, das aufgegangen ist – und sich in oder an deinem Leib als Ernte zeigt.

Allein Ich, Christus, dein Erlöser, kann dich davon frei machen – und nur dann, wenn du bereust und Gleiches oder Ähnliches nicht mehr tust. Dann ist die Last von deiner Seele genommen, und es wird dir besser ergehen.

Erkennet: Wer seine Pein und seinen Kummer als seine eigene Saat erkennt und sein Leid annimmt, der zeigt wahre innere Größe. Dies ist ein Zeichen geistigen Wachstums; das geistige Wachstum führt allmählich in die Vollkommenheit.

Das reine Wesen ist vollkommen; es ist das Ebenbild des Vater-Mutter-Gottes. Es lebt in Gott, und Gott lebt durch das reine Wesen.

Selig, die reinen Herzens sind, denn sie werden Gott schauen – weil sie wieder Ebenbilder des himmlischen Vaters geworden sind. Aus einem reinen, gottergebenen Herzen entströmen Sanftmut und Demut.

Gehe den Weg nach Innen

1. »Habt acht, daß ihr eure Almosen nicht vor den Leuten gebt, um von ihnen gesehen zu werden. Ihr habt sonst keinen Lohn bei eurem Vater im Himmel. Wenn du Almosen gibst, sollst du es nicht ausposaunen, wie es die Heuchler tun in den Synagogen und auf den Straßen, auf daß sie von den Leuten gepriesen werden. Wahrlich, Ich sage euch, sie haben bereits ihren Lohn.

2. Wenn du aber Almosen gibst, so laß deine linke Hand nicht wissen, was deine rechte Hand tut, damit dein Almosen im Verborgenen bleibe; und der Eine, der ins Verborgene sieht, wird es dir öffentlich anerkennen. (Kap. 26, 1-2)

Christus erklärt, berichtigt
und vertieft das Wort:

Die gelebte Bergpredigt ist der Innere Weg zum Herzen Gottes. Was der Mensch nicht selbstlos tut, das tut er für sich selbst. Die Selbstlosigkeit ist Gottesliebe. Der Eigennutz ist Menschenliebe. Wer seinem Nächsten nur dann Gutes tut, wenn dieser ihm dafür dankt und seine guten Taten rühmt, der hat es nicht für seinen Nächsten getan, sondern für sich selbst. Der Dank und das Lob sind sodann sein Lohn. Er ist damit schon entlohnt und wird von Gott keinen Lohn mehr empfangen. Nur die Selbstlosigkeit wird von Gott belohnt. Die Selbstlosigkeit wächst und reift nur in dem Menschen, der die ersten Schritte zum Königreich des Inneren getan, also verwirklicht, hat.

Die ersten Schritte dahin sind die Kontrolle der Gedanken: Setze an die Stelle ichbezogener, negativer, grüblerischer oder leidenschaftlicher Gedanken positive, hilfreiche, freudige, edle Gedanken und Gedanken an das Gute im Menschen und in allem, was dir begegnet. Dann wirst du allmählich deine Sinne unter Kontrolle bekommen. Du wirst dann auch von deinem Nächsten nichts mehr begehren und nichts mehr von ihm erwarten. Du wirst im weiteren Verlauf des Inneren Weges nur noch Positives und Wesentliches reden. Dadurch bekommst du dein menschliches Ich unter Kontrolle, weil du in dir zu ruhen gelernt hast. Dann lichtet sich deine Seele immer mehr, und du findest in allem, was auf dich zukommt, das Gute, das du sodann auch in rechter Weise an- und auszusprechen vermagst. Hast du dies gelernt, dann wirst du auch das Gegensätzliche gesetzmäßig ansprechen. Auf diese Weise erwachen in dir Aufrichtigkeit und Ehrlichkeit, und du hältst dabei Gott in allem die Treue.

Dieser geistige Evolutionsprozeß zur Selbstlosigkeit ist der Innere Weg zum Herzen Gottes. Alles, was du aus Selbstlosigkeit tust, bringt dir mannigfache Früchte.

Wenn also deine Empfindungen ohne Erwartungen sind und deine Gedanken edel und gut, dann ist in deinen Worten und deinen Taten die Kraft aus Gott. Diese Kraft ist Meine Lebensenergie. Sie geht in die Seele deines Nächsten ein und bewirkt, daß dein Nächster ebenfalls selbstlos wird. Denn was von deiner lichten Seele ausgeht, das geht – früher oder später, je nachdem, wann sich der Nächste dafür öffnet – auch in die Seele und in das Gemüt deines Nächsten ein.

Wer selbstlos gibt, fragt nicht, ob der Nächste auch erfährt, was er gegeben hat. Der Selbstlose gibt! Er weiß, daß Gott, der ewige Vater, in das Herz aller Seiner Kinder schaut und daß der Ewige, dessen Geist in jedem Menschen wohnt, den Selbstlosen dann belohnt, wenn hierfür die Zeit gekommen ist. Das allein ist von Bedeutung.

Erkennet: Alle guten, also selbstlosen Werke werden rechtzeitig offenbar, auf daß es jene erkennen, die es sehen sollen, um ebenfalls selbstlos zu werden, indem auch sie das Leben in Mir annehmen und anstreben – und das tun, was Ich ihnen geboten habe: sich untereinander selbstlos zu lieben, wie Ich, der Christus, sie liebe.

Lerne rechtes Beten

3. Und wenn du betest, sollst du nicht sein wie die Heuchler, die gerne beten in den Synagogen und an den Straßenecken, auf daß sie von den Leuten gesehen werden. Wahrlich, Ich sage euch, sie haben bereits ihren Lohn.

4. Wenn du aber betest, so gehe in deine Kammer, und wenn du die Türe geschlossen hast, bete zu deinem himmlischen Vater, der im Verborgenen ist; und der verborgene Eine, der ins Verborgene sieht, wird es dir öffentlich anerkennen. (Kap. 26, 3-4)

Christus erklärt, berichtigt und vertieft das Wort:

Wenn du betest, dann ziehe dich in eine stille Kammer zurück und versenke dich in dein Inneres, denn in dir wohnt des Vaters Geist, dessen Tempel du bist.

Wenn du nur betest, um gesehen zu werden, damit dich deine Nächsten für fromm und gläubig halten, so sage Ich dir: Das ist keine Frömmigkeit, sondern Frömmelei; es ist Heuchelei. Solche veräußerlichten Gebete sind ohne Kraft. Wer nur mit den Lippen betet oder um gesehen zu werden, der sündigt wider den Heiligen Geist, denn er mißbraucht heilige Worte zum Eigennutz.

Erkenne: Wenn du im Gebet Gott ansprichst und in deinem Leben nicht wahrmachst, worum du gebetet hast, wenn also deine Gebete nur eine Darstellung deines Ichs sind und nicht aus der Tiefe deiner Seele kommen und nicht von der Liebe zu Gott beseelt sind, dann sündigst du wider den Heiligen Geist. Das ist die größte Sünde.

Wenn deine Gebete nicht selbstlos aus dem Herzen strömen, dann wäre es besser, du würdest nicht beten und dir zuerst deine Gedanken und menschlichen Wünsche bewußt machen und sie allmählich Mir übergeben – auf daß die selbstlose Liebe, die in dir ist, auch in dir wächst und du von Herzen zu beten vermagst. Dann werden deine Gebete allmählich beseelt und durchdrungen sein von der Liebe zu Gott und zu deinem Nächsten.

»... und der verborgene Eine, der ins Verborgene sieht, wird es dir öffentlich anerkennen« heißt: Deine Lichtgedanken und kraftvollen Gebete, die von der Liebe zu Gott beseelt sind, werden noch in dieser Welt Früchte tragen. Du darfst deine Saat der Liebe erkennen, und auch dich werden viele erkennen als einen Quell der Liebe.

Finde zur Wahrheit in dir

5. Und wenn ihr gemeinsam betet, gebraucht keine leeren Wiederholungen wie die Heiden, denn diese meinen, sie werden erhört, wenn sie viele Worte machen. Darum sollt ihr es ihnen nicht gleichtun; denn euer Vater im Himmel weiß, was ihr bedürfet, bevor ihr bittet ... (Kap. 26, 5)

Christus erklärt, berichtigt
und vertieft das Wort:

Nur der Mensch, der aus dem Gesetz der Wahrheit wenig verwirklicht hat, gebraucht im Gebet und im täglichen Leben viele Worte und leere, unbeseelte Wiederholungen.

Wer vom Gesetz der Wahrheit und des Lebens viel spricht, also viele Worte darum macht, der kann sie nicht mit Kraft und Leben erfüllen, weil er selbst nicht vom Gesetz Gottes erfüllt ist. Solche Worte sind ichbezogene und deshalb lieblose Worte, auch wenn sie so gewählt sind, als seien sie von der Liebe getragen. Unbeseeltes Reden gelangt nicht in das Innerste der Seele deines Nächsten und hat dadurch auch kein Echo in dem Menschen, der Gottes Liebe in und durch sich walten läßt. Wer unbeseelt über das Gesetz der Wahrheit und des Lebens spricht, das er jedoch nicht verwirklicht, regt bei einem Menschen, der dies hört und der ebenfalls noch nach außen orientiert ist, nur zu Diskussionen an.

Erkennet: Wer über geistige Gesetzmäßigkeiten diskutiert, der kennt die Gesetze Gottes nicht. Jeder, der diskutieren will, ist überzeugt, daß er es besser weiß als sein Nächster und will sich dies selbst bestätigen. Wer diskutiert, gibt nur Zeugnis von sich selbst, nämlich: daß er nichts weiß und unsicher ist. Deshalb diskutiert er.

Wer jedoch zur Wahrheit gefunden hat, der diskutiert nicht über die Wahrheit, auch nicht über das, was Glaube ist. Das Wort »Glaube« enthält auch Nichtwissen: Was der Mensch letztlich nicht weiß oder nicht beweisen kann, das glaubt er. Wer an die Wahrheit glaubt, der hat die ewige Wahrheit noch nicht gefunden. Er bewegt sich auch noch nicht im Strom der ewigen Wahrheit. Glaube ist also noch Blindheit.

Wer jedoch zur ewigen Wahrheit gefunden hat, der muß nicht mehr an die Wahrheit glauben – er weiß die Wahrheit, weil er sich im Strom der Wahrheit bewegt. Das ist der wahre weise Mensch, der in sich den Schatz, die Wahrheit, gehoben hat. Wahre Weise ruhen in sich. Das ist innere Sicherheit und Festigkeit. Sie diskutieren nicht über den Glauben, weil sie vom Glauben zur Weisheit, die Wahrheit ist, gefunden haben.

Wer also nur an Gott glaubt, ohne die Tiefe der ewigen Wahrheit, das ewige Gesetz, zu kennen, macht viele Worte um seinen Glauben.

Auch mit seinen Gebeten wird er es ähnlich halten: Er macht viele Worte, da er seine Worte nicht mit selbstloser Liebe beseelt. Er ist der Ansicht, mit vielen Worten Gott überzeugen oder Ihn gar überreden zu können. Er glaubt, sich vor Gott verständlich machen zu müssen, da er annimmt, Gott könnte seine Gebete anders verstehen, als er sie gemeint hat. Ähnlich denken und beten die Heiden.

Erkennet: Je tiefer der Mensch in die göttliche Wahrheit eintaucht, um so weniger Worte gebraucht er auch im Gebet. Seine Gebete sind kurz, doch kraftvoll, weil das Wort gelebte Kraft ausstrahlt.

Verwirkliche deine Gebete

... Darum sollet ihr, wenn ihr beisammen seid, so beten:
6. *Unser Vater, der Du bist im Himmel, geheiligt sei Dein Name. Dein Reich komme. Dein Wille geschehe auf Erden wie im Himmel. Unser tägliches Brot gib uns Tag für Tag und die Frucht des lebendigen Weinstockes. Und wie Du uns vergibst unsere Sünden, so mögen auch wir vergeben die Sünden anderer. Verlas-*

se uns nicht in der Versuchung. Erlöse uns vom Bösen. Denn Dein ist das Reich und die Kraft und die Herrlichkeit in alle Ewigkeit. Amen. (Kap. 26, 5-6)

Christus erklärt, berichtigt und vertieft das Wort:

Das Gemeinschaftsgebet, das Vaterunser, wird mit unterschiedlichen Worten und Inhalten gebetet, weil jede Gemeinschaft es so betet, wie es dem Liebepotential der Gemeinschaft entspricht.

Als Jesus von Nazareth lehrte Ich das Gemeinschaftsgebet, das Vaterunser, in Meiner Muttersprache, also mit anderen Worten und so auch mit anderen Inhalten, als es in späteren Zeiten und anderen Sprachen gebetet wurde.

Die Worte als solche sind unwesentlich. Wichtig ist, daß der Mensch verwirklicht, was er betet! Dann ist jedes Wort, das aus seinem Munde kommt, beseelt mit Liebe, Kraft und Weisheit.

Ihr sollt nicht dem Buchstaben nach beten oder danach trachten, das Vaterunser, das Ich die Meinen gelehrt habe, wortgetreu zu beten. Wesentlich ist, daß ihr die Worte eurer Gebete mit der Liebe zum Ewigen und zu eurem Nächsten beseelt und daß der Inhalt eurer Gebete eurem Leben entspricht.

Menschen, die von der ewigen Wahrheit, der Liebe und Weisheit Gottes, erfüllt sind, werden wieder anders beten als jene, die nur beten, weil es ihnen so gelehrt wurde oder weil sie einer Konfession angehören, in welcher die Gebete entsprechend dem Bewußtsein der Konfession gesprochen werden.

Menschen auf dem Weg zu ihrem göttlichen Ursprung beten frei, das heißt mit selbstgewählten Worten, die von Liebe und Kraft beseelt sind.

Menschen, die in Meinem Geiste leben, die von Gottes Liebe und Weisheit durchdrungen sind, die also Gottes Gesetze im täglichen Leben verwirklichen, werden vor allem Gott für ihr Leben und für alles danken, Ihn loben und preisen und Ihm mehr und mehr ihr Leben weihen – in Empfindungen, Gedanken, Worten und Werken –, weil sie Leben aus Seinem Leben geworden sind.

Menschen im Geiste des Herrn leben das Gebet. Das heißt, sie erfüllen mehr und mehr die Gesetze des Ewigen und sind selbst zum Gebet geworden, das eine Anbetung Gottes ist.

Wer also Gottes Willen erfüllt, lebt immer mehr in der Anbetung Gottes. Solche Menschen halten nicht nur die Gesetze Gottes, sondern sind weitgehend zum Gesetz der Liebe und Weisheit geworden.

Im heranreifenden Friedensreiche Jesu Christi, in dem ich der Herrscher und das Leben Bin, werden die Menschen das Gesetz Gottes mehr und mehr halten. Viele von ihnen sind zum Gesetz geworden – und so zu Gottmenschen, die das Leben, Gott, in allem verkörpern, was sie denken, reden und tun. Ihre Gebete sind das Leben in Mir, die Erfüllung des ewigen Gesetzes. Mit ihrem Leben, welches das Gesetz Gottes ist, danken sie Gott für das Leben.

Der Dank an Gott ist also das Leben in Gott. Ihr Leben, das ein einziger Dank ist, strömt in das Friedensreich hinein.

Sie beten sinngemäß mit folgenden Gebetsworten, die sie im täglichen Leben erfüllen:

Vater unser, Dein Geist ist in uns,
und wir sind in Deinem Geiste.
Geheiligt ist Dein ewiger Name in uns
und durch uns.
Du bist der Geist des Lebens,
Du bist unser Vater Ur.
Aus Dir tragen wir unsere ewigen Namen.
Du, Ewiger, hast sie uns gegeben
und in unsere Namen die ganze Fülle
der Unendlichkeit gelegt.
Unsere Namen, die Du uns eingehaucht hast,
sind die Liebe und Weisheit –
die Fülle aus Dir,
das Gesetz in uns und durch uns.
Unser ewiges Reich ist die Unendlichkeit –
die Kraft und die Herrlichkeit in und aus Dir.
Wir sind Erben des ewigen Reiches.
Deshalb sind wir das Reich selbst,
die ewige Heimat.
Sie ist in uns und wirkt durch uns.
Dein unendlicher, herrlicher Wille ist in uns
und wirkt durch uns.
Deine Willenskraft ist unsere Willensstärke.
Sie wirkt in uns und durch uns,
denn wir sind Geist aus Deinem Geiste.

Der Himmel ist nicht Raum und Zeit –
Himmel und Erde sind eins,
weil wir in Dir geeint sind.
Die Liebe und Kraft in uns und durch uns
ist unser täglich Brot.
Du, o ewiger, herrlicher Vater,
hast alles in uns hervorgebracht,
was in der Unendlichkeit schwingt.
Du schaffst durch uns im Himmel
und auf der Erde.
Wir sind in Dir, und Du waltest in uns
und durch uns.
Wir sind erfüllt in Deinem Geiste,
da wir Geist aus Deinem Geiste sind.
Wir sind reich in Dir,
da wir unser Erbe, die Unendlichkeit aus Dir, leben.
Unser ewiges Erbe, Geist aus Deinem Geiste,
bringt für uns das hervor,
was wir als Menschen im Friedensreich
benötigen.
Wir leben in Dir und aus Dir.
Leben verströmt und verschenkt sich.
Wir leben in der Fülle aus Gott,
weil wir selbst die Fülle sind.
Die Erde ist der Himmel
und das Friedensreich der Reichtum der Erde,
in dem wir leben und sind –
Geist aus Deinem Geiste.
Wir leben im inneren Reich –
und sind doch Menschen, die im Äußeren verkörpern,
was im Inneren strahlt.

Der Name des Herrn ist gepriesen,
Er ist Leben in und durch uns.
Der Name Gottes ist gelebtes Gesetz der Liebe
und der Freiheit.
Die Sünde ist gewandelt –
das Licht ist eingekehrt.
Wir leben aus Seinem Lichte
und leben in und aus Seinem Geiste,
da wir Geist aus Seinem Geiste sind.
In Gott ist alles abgegolten.
Sein Name hat alles rein gemacht.
Gottes Herrlichkeit sei gepreisen!
Gottes Wille, Liebe und Weisheit
durchdringen die Erde und das Land.
Wir selbst sind Erde und Land –
Wille, Liebe und Weisheit.
In uns ist Gottes Güte – das Gute aus Gott.
Wir sind in Gott und wirken aus Gott.
Die Erde ist des Herrn –
sie ist das Reich der Liebe.
Es wirkt in uns und durch uns.
Das Leben, die Herrlichkeit des Vaters,
wirkt in uns und durch uns –
von Ewigkeit zu Ewigkeit.

Sinngemäß ist dieser Lobpreis das Leben derer, die im Friedensreich Jesu Christi leben. Sie leben in Mir, dem Christus, und Ich lebe durch sie; und zusammen leben wir im Vater-Mutter-Gott, und der Vater lebt durch uns von Ewigkeit zu Ewigkeit.

Finde im Negativen das Positive

7. Denn so ihr Menschen ihre Schuld vergebt, so wird euch euer himmlischer Vater auch vergeben. So ihr aber den Menschen ihre Schuld nicht vergebt, so wird euch euer Vater im Himmel eure Schuld auch nicht vergeben.

8. Auch wenn ihr fastet, sehet nicht niedergeschlagen aus wie die Heuchler. Denn sie verstellen ihr Angesicht, um als Menschen zu erscheinen, die fasten. Wahrlich, Ich sage euch, sie haben bereits ihren Lohn.

9. Und Ich sage euch, ihr werdet niemals das Himmelreich finden, es sei denn, ihr hütet euch vor der Welt und ihrer bösen Art. Und ihr werdet niemals den Vater im Himmel sehen, es sei denn, daß ihr den Sabbat haltet und ablaßt von eurem Eifer, Reichtümer zu sammeln. Wenn du aber fastest, so salbe dein Haupt und wasche dein Angesicht, damit du dich nicht darstellst vor den Leuten mit deinem Fasten. Und der heilige Eine, der ins Verborgene sieht, wird es dir öffentlich anerkennen. (Kap. 26, 7-9)

Christus erklärt, berichtigt und vertieft das Wort:

Das Gebot, zu vergeben und um Vergebung zu bitten, hat so lange Gültigkeit, bis alles gesühnt und bereinigt ist, was nicht den ewigen Gesetzen entspricht. Das Gebot, zu vergeben und um Vergebung zu bitten, gehört zum Gesetz von Saat und Ernte. Es ist dann aufgehoben, wenn alles Menschliche abgegolten und jede Seele zum reinen, makellosen Geistwesen geworden ist.

Bis dahin also gilt das Gebot: Vergebt, und ihr werdet Vergebung erlangen. Wenn ihr um Vergebung bittet und euch euer Nächster vergibt, so hat euch auch euer Vater im Himmel vergeben. Doch so ihr um Vergebung bittet, und euer Nächster vergibt euch noch nicht, weil er hierfür noch nicht bereit ist, so wird euch auch euer ewiger Vater nicht vergeben. Wer sich an seinem Nächsten versündigt hat, der muß auch von seinem Nächsten Vergebung erlangen. Erst dann nimmt Gott die Sünde hinweg.

Der ewig Gerechte liebt alle Seine Kinder – auch jene, die noch nicht die Kraft zum Vergeben haben. Würde Er nur dem, der zu einer Sünde Anlaß gegeben hat, vergeben und dem nicht vergeben, der von ihm zu einer Sünde verführt worden ist und noch nicht vergeben kann – wo wäre da die Gerechtigkeit Gottes? Beide können erst dann in den Himmel eingehen, wenn ihre Sünden abgegolten sind.

Deshalb achtet darauf, was von eurem Munde ausgeht, und achtet auf eure Taten, ob sie dem ewigen Gesetze entsprechen, also selbstlos sind! Sehr rasch ist etwas Gegensätzliches ausgesprochen oder getan – doch lange kann es dauern, bis es vergeben ist.

Wenn ihr um Vergebung gebeten habt und euer Nächster noch nicht bereit ist, euch zu vergeben, dann wird sich Gottes Gnade in euch verstärken, euch einhüllen und tragen – Er wird jedoch nicht von euch nehmen, was noch nicht bereinigt ist. Gottes Barmherzigkeit wird sich dann auch in eurem Nächsten verstärken und ihn unter Beachtung seines freien Willens so führen, daß er seine Fehler rascher erkennt, bereut und euch vergibt. Erst wenn euch alle vergeben haben, gegen die ihr euch versündigt habt – wenn also alles abgegolten ist –, dann erst könnt ihr in die Himmel eingehen, weil Gott sodann alles Menschliche in göttliche Kraft umgewandelt hat.

Gott ist allgegenwärtig. So ist Er auch im Gesetz von Saat und Ernte wirksam. Auch in allem Negativen ist das Positive, Gott, das ewige Gesetz. Wenn der Mensch seine Sünden und Fehler erkennt und bereut, dann werden in diesen die positiven Kräfte aktiv und bestärken den zur Erkenntnis seiner Schuld gelangten Menschen, seine Sünden mit der Kraft Christi zu bereinigen.

Erkennet das Gesetz Gottes; es ist ewiges Leben von Ewigkeit zu Ewigkeit – alles in allem: Alles ist in allem enthalten, im Großen das Kleinste und im Kleinsten das Große, in der Sünde die Kraft zur Vergebung und in der Kraft, die durch die Vergebung frei wird, der Aufstieg zu dem Inneren Leben, in das ewige Sein.

Deshalb kann auch im Negativen das Göttliche wirken – dann, wenn der Mensch von Herzen um Vergebung bittet, vergibt und nicht mehr sündigt. Der Mensch muß jedoch den ersten Schritt hin zum Inneren Leben tun.

Erkennet: Alles, was ihr tut – sei es, daß ihr betet, fastet oder Almosen austeilt –, wenn ihr es nicht selbstlos tut, sondern um von euren Mitmenschen gesehen zu werden, so habt ihr schon den Lohn von den Menschen. Gott wird euch dann nicht entlohnen. Und wenn ihr nur fastet eurer Körperfülle wegen, so werdet ihr den Geist eures Vaters in euch nicht vermehren. Wer jedoch die Nahrung im Namen des Allerhöchsten aufnimmt und Maß hält und von Zeit zu Zeit fastet, um seinen Körper zu entspannen und zu entschlacken, damit Gottes Kraft alle Zellen und Organe in rechter Weise zu versorgen vermag, der übt sich auch in redlicher Weise, das Leben aus Gott an- und aufzunehmen, um darin zu leben. Und er wird gleichzeitig sein Leben Gott, dem Ewigen, im Gebet weihen, um auf diese Weise allmählich zum gelebten Gebet zu werden.

Klagt nicht über eure Toten

10. Ebenso solltet ihr tun, wenn ihr klagt um die Toten und trauert, denn euer Verlust ist ihr Gewinn. Tut nicht wie jene, die vor den Leuten trauern und laut klagen und ihre Kleider zerreißen, auf daß die anderen ihre Trauer sähen. Denn alle Seelen stehen in der Hand Gottes, und alle jene, welche Gutes getan haben, werden ruhen mit ihren Vorfahren im Schoße des Ewigen.

11. Betet lieber für ihre Ruhe und ihren Aufstieg und bedenket, daß sie in dem Lande der Ruhe sind, das der Ewige für sie bereitet hat, und gerechten Lohn für ihre Taten empfangen werden, und murret nicht wie die Hoffnungslosen. (Kap. 26, 10-11)

Christus erklärt, berichtigt und vertieft das Wort:

Wer die Toten beklagt, ist noch fern vom ewigen Leben, weil er den Tod als Ende des Lebens sieht. Er hat die Auferstehung in Mir, dem Christus, noch nicht erlangt. Er zählt zu den geistig Toten.

Klagt nicht über eure Toten! Denn wer den Verlust eines Menschen beklagt, der denkt nicht an den Gewinn der Seele, die – sofern sie in Mir, dem Christus, gelebt hat – in höhere Bewußtseinsbereiche des Lebens eingeht. Denn wenn ihr Leben im Erdendasein in Gott war, so wird es auch in einer anderen Daseinsform in Gott sein.

Erkennet: Das Zeitliche, das Leben im Körper, ist nicht das Leben der Seele. Die Seele hat nur für einen kurzen Lebensabschnitt Fleisch angenommen, um im Zeitlichen das zu bereinigen und zu tilgen, was sie sich in verschiedenen Erdenkleidern auferlegt hat. Die Erde ist nur als Durchgangsstation zu sehen, auf der die Seelen im Erdenkleid in Kürze das bereinigen, was sie jenseits der Bewußtseinsschleier – auch Nebelwände genannt – nicht so rasch bewältigen können.

Wenn eine Seele ihr irdisches Kleid verläßt, so beweint der Mensch nur das Kleid der Seele und denkt dabei nicht an die Seele, die dem Kleide entschlüpft ist.

Eine lichte Seele wird nach Ablegen ihres irdischen Körpers von lichten, für den Menschen unsichtbaren Wesen in jene Bewußtseinsebene geleitet, die dem Denken und Leben des Menschen entspricht, in dem diese Seele einverleibt war.

Erkennet: Jede Seele, die den Körper verlassen hat, zieht es noch einige Zeit hin zu den Menschen, mit denen sie als Mensch zusammengelebt hat. Muß sie erfahren, daß ihre ehemaligen irdischen Anverwandten ihre Hülle betrauern, so ist das für die Seele sehr schmerzlich. Die noch erdnahe Seele erkennt sehr wohl, weshalb ihre Anverwandten nur ihre menschliche Hülle beklagen und warum sie als Seele von den Trauernden nicht beachtet wird. Eine Seele, die das erkennen muß, empfindet dabei den ersten tiefen Seelenschmerz nach dem Ablegen des physischen Leibes; denn sie erfährt, weshalb der Mensch trauert und nicht ihrer in Liebe und Verbundenheit gedenkt. Sie schaut dabei so manchen eigennützigen Gedanken ihrer ehemaligen irdischen Anverwandten. Sie kann sich ihnen nicht bemerkbar machen, weil sie von ihnen nicht wahrgenommen wird. Was sie sagt, hört der Mensch nicht, und was sie schaut, sieht er nicht. Die Seele jedoch nimmt vieles wahr.

Ich rege euch zum Nachdenken an: Klagt ihr, wenn sich die Schlange häutet, wenn sie ihre Haut zurückläßt und weiterkriecht?

Ähnlich ist es mit der Seele. Sie verläßt ihren verweslichen Leib, ihre Hülle, und wandert weiter. Ihr trauert also um den Verlust der Hülle und gedenkt nicht der Seele! Wer der Seele gedenkt, der dankt Gott, der die Seele in Seinen Schoß zurückrief, sofern diese im Erdenkleid das Leben in Gott genützt hat und dadurch Ihm näher kam. Denkt daran, daß für eine lichte Seele das Ablegen des Leibes ein Gewinn ist.

Und: So ihr nur vor den Menschen um den Verlust des Menschen trauert, heuchelt ihr ihnen etwas vor. In Wirklichkeit gedenkt ihr weder des Menschen noch der Seele. Ihr denkt nur an euch selbst. Die Seele, die das registriert, erkennt, daß sie nicht selbstlos geliebt wurde, daß sie unter Umständen nur zum Eigennutz ihrer Nächsten da war.

Viele Seelen müssen erkennen, daß sie im Erdenkleid von ihren irdischen Anverwandten und Bekannten gelebt wurden. Das heißt, daß sie als Mensch sich selbst nicht entfalten und ihre Wesensmerkmale nicht leben konnten, weil sie den Willen derer tun mußten, die von ihnen das verlangt haben, was zu ihrem eigenen Vorteil war. Viele dieser Seelen schauen, was sie in ihrem Erdendasein versäumt haben, und kehren auch deshalb wieder in das irdische Dasein zurück. Sie gehen wieder durch die Bewußtseinsschleier zur Erde und halten sich als Seele wieder unter jenen auf, die durch sie gelebt haben. Wieder andere suchen auf der Erde das zu leben, was sie als Menschen nicht entfalten konnten.

Solange Menschen an Menschen oder Dinge – wie Besitz, Reichtum und Macht – gebunden sind, kehren ihre Seelen wieder zur Erde zurück und schlüpfen wieder in neue Erdenkleider. Es bestehen mannigfache Ursachen und Beweggründe, weshalb sich Seelen wieder einverleiben. Erkennt zum Beispiel eine Seele, daß sie mit ihren Angehörigen durch Sünden verkettet ist, so resigniert sie oftmals und läßt den Wunsch zu, wieder einen neuen Körper anzunehmen. Von diesem Wunsch beseelt, lebt sie in der Bewußtseinsebene, die ihrem

Seelenzustand entspricht, und wird dort belehrt. Ihr wird unter anderem das Für und Wider einer erneuten Einverleibung nahegebracht. Sie geht dann zur Einverleibung, wenn die Gestirne, in denen ihr Für und Wider gespeichert ist – und somit auch ihr Erdenweg –, den Weg zur Materie weisen und wenn auf Erden ein Erdenkörper gezeugt ist, der ihrem seelischen Bewußtseinsstand entspricht. In diese menschliche Hülle schlüpft sie dann bei der Geburt hinein.

Der Mann, der den Körper zeugte, und die Frau, in welcher der Embryo heranwuchs, zogen jene Seele an, mit der sie noch einiges gemeinsam zu bereinigen haben – oder um gemeinsam mit ihr im selbstlosen Dienst für ihre Nächsten den Weg des Herrn zu gehen.

Der Mensch möge nicht nur auf seinen Körper schauen, sondern vor allem auf das einverleibte Wesen in ihm und sich bemühen, den Willen Gottes zu tun, und sich nicht den menschlichen Willen von Zweiten oder Dritten aufdrängen lassen.

Erkennet: Auch wenn ihr sagt: »Ich tue den Willen meines Nächsten, um den äußeren Frieden zu wahren«, so hindert ihr eure Seele und auch die Seele eures Nächsten, sich so zu entwickeln und zu entfalten, wie es für beide gut ist. Ihr hindert euch und euren Nächsten, die Aufgaben zu erfüllen, die eure Seelen mit ins Erdendasein gebracht haben: sich zu reinigen und sich von der Last der Sünde zu befreien, die eventuell noch aus Vorinkarnationen mit in diese Einverleibung gebracht wurde. Wer sich von seinen Mitmenschen gängeln läßt, wer also tut, was andere sagen, obwohl er erkennt, daß dies nicht sein Weg ist, der wird gelebt und lebt an seinem eigentlichen Erdendasein vorbei. Er nützt nicht die Tage; er wird benützt von jenen, denen er hörig ist, und kennt deshalb nicht seinen Weg als Mensch über diese Erde.

Wer seine Mitmenschen bindet, indem er ihnen seinen Willen aufzwingt, ist mit einem Vampir zu vergleichen, der die Energien seiner Mitmenschen aufsaugt. Er kennt sich selbst nicht und bindet sich gleichzeitig an seine Opfer – und umgekehrt bindet sich auch das Opfer, das sich aussaugen läßt, an ihn. In einem der Leben, entweder im Erdenkleid oder als Seelen in den jenseitigen Bereichen, werden beide wieder zusammengeführt – und das so oft und so lange, bis einer dem anderen vergeben hat.

Wenn sich zwei aneinander binden – einerlei, ob einer gebunden hat oder sich binden ließ –, so haben sich beide belastet, und beide müssen miteinander bereinigen, damit zwischen ihnen die Liebe und Einheit wieder hergestellt werden können.

Keiner kann sagen: »Ich wußte nichts von den Gesetzen des Lebens.« Ich sage euch: Mose hat euch die Auszüge aus den ewigen Gesetzen gebracht, die Zehn Gebote. Und so ihr diese haltet, werdet ihr euch nicht aneinander binden, sondern miteinander in Frieden leben.

Erkennet: Einzig die Liebe und die Einheit untereinander zeigen Seelen und Menschen die Wege zu dem höheren Leben.

Gott, der ewig Gütige, reicht jeder Seele und jedem Menschen Seine Hand. Wer sie ergreift, der nützt sein irdisches Leben. Er schätzt die Tage und vermag sie auch nach den Geboten zu leben, indem er das bereinigt, was ihm der Tag zeigt. Er wird einst als Seele mit all jenen in Gott wandeln und in Gott ruhen, die ihr Erdendasein ebenfalls genützt haben, indem sie Tag für Tag das erkannt und mit Mir, dem Christus, bewältigt haben, was der Tag ihnen gebracht und gezeigt hat – Freude und Leid.

Und so ihr nicht euretwegen um die sterbliche Hülle trauert, die euer Nächster abgelegt hat, sondern im Geiste euch freut, daß die Seele im Erdenkleid ihr geistiges Leben erkannt und sich darauf vorbereitet hat, so werdet ihr über Mich, den Christus, für euren Nächsten freudig zum Vater beten. Ihr werdet der Seele, die nun näher bei Gott ist, Kräfte der Liebe senden, auf daß sie weiter wandelt zu höheren Ebenen, um sich mehr und mehr mit Gott zu einen.

Die Seele spürt Freude und Leid ihrer Anverwandten. Die Seelen, die in Mir, dem Christus, entschlafen sind, fühlen sich verbunden über Mich, den Christus, mit allen, die noch im Erdenkleid wandeln. Die Freude der Seele darüber, daß ihre Anverwandten ihrer in Liebe gedenken, erfüllt sie mit Kraft.

Erkennet: Selbstlose, liebende Gebete spenden der wandernden Seele Kraft und Stärke auf ihrem Weg hin zum Göttlichen. In euren selbstlosen Gebeten spürt sie die Verbundenheit und empfängt vermehrt Kraft. Dadurch wird sie das noch an ihr haftende Menschliche rascher ablegen und damit frei werden für Den, der die Freiheit und Liebe ist – Gott, das Leben. Der Lohn aus

Gott ist groß für jede Seele, die sich ernsthaft bemüht, Gottes Willen zu erfüllen.

Erkennet: Nur der ist ohne Hoffnung, der von seinem Glauben nur spricht und nicht lebt, woran er scheinbar glaubt. Letzten Endes glaubt der Zweifler das nicht, was er zu glauben vorgibt. Daraus entwickelt sich die Hoffnungslosigkeit.

Wo dein Schatz ist, dort ist auch dein Herz

12. Ihr sollt auch nicht für euch Schätze sammeln auf Erden, die die Motten und der Rost fressen und die Diebe ausgraben und stehlen. Sammelt euch aber Schätze im Himmel, wo sie weder Motten noch Rost fressen und wo die Diebe nicht nachgraben noch stehlen. Denn wo euer Schatz ist, da ist auch euer Herz.

13. Die Lichter des Leibes sind die Augen. Deshalb, wenn du klar siehst, wird dein ganzer Leib voller Licht sein. Wenn dir aber deine Augen fehlen oder wenn sie trüb sind, so wird dein ganzer Leib finster sein. Wenn nun das Licht, das in dir ist, Finsternis ist, wie groß wird die Finsternis sein!

14. Niemand kann zwei Herren dienen. Entweder er wird den einen hassen und den anderen lieben; oder er wird zu dem einen halten und den anderen verachten. Ihr könnt nicht zugleich Gott dienen und dem Mammon. (Kap. 26, 12-14)

Christus erklärt, berichtigt und vertieft das Wort:

Nur der Mensch sammelt auf Erden Schätze, der nicht an Gott, an Seine Liebe, Weisheit und Güte glaubt. Viele Menschen geben vor, an Gott zu glauben; an ihren Werken jedoch werdet ihr sie erkennen! Viele Menschen sprechen von der Liebe und den Werken Gottes – allein an ihrem Tun werdet ihr sie erkennen.

Viele Menschen sprechen von dem inneren Reich und von dem inneren Reichtum, und doch schaffen sie für sich persönlich in die Scheuern und sammeln für sich persönlich die irdischen Reichtümer, um von den Menschen angesehen zu sein.

Wer nur auf sein persönliches Wohl bedacht ist, erspürt noch nicht den Greifvogel, der schon seine Schwingen erhoben hat, um das Nest zu zerstören und den Reichtum zu entwenden, den der Reiche, der Nestbauer, sein persönliches Eigentum nennt.

Wer jedoch zuerst nach dem Reiche Gottes trachtet, der sammelt innere Werte, innere Schätze. Er wird auch im Zeitlichen alles empfangen, was er benötigt, und darüber hinaus.

Wer im Inneren reich ist, wird im Äußeren nicht darben. Doch wer im Äußeren reich ist und den Reichtum hortet, wird einst darben. Wer Schätze auf Erden sammelt, dem werden sie genommen, damit er sich auf den Schatz des Inneren besinnt und in das Leben, in den inneren Reichtum, einzugehen vermag.

So lange wird es der Seele an göttlichem Lichte mangeln, bis sie zuerst nach dem Reiche Gottes trachtet. Und solange es noch auf Erden möglich ist, wird die lichtarme Seele sich wieder in einen lichtarmen Körper eingebären und eventuell in Armut unter den Armen leben. Die Erkenntnis wird kommen, daß der Schatz, der Reichtum, einzig in Gott ist.

Wessen Herz bei Gott ist, der wird reich an inneren Werten sein und eingehen in das Reich des Friedens.

Ich, Christus, gebe euch einen Maßstab, auf daß ihr erkennt, wo ihr steht – entweder im Licht oder im Schatten: »Denn wo euer Schatz ist, dort ist auch euer Herz«, dort wird einst eure Seele sein.

Beachtet: Wer diese Worte liest und in der Wende steht von der alten zur Neuen Zeit, der sollte sich beeilen, daß er noch sein geistiges Leben findet! Denn wenn die Neue Zeit, die Zeit des Christus, auf der ganzen Erde offenbar ist und das Innere Leben gelebt wird, gibt es keine Einverleibungen mehr für jene, die nach äußeren Werten trachten. Es gibt dann auch keine Einverleibungen mehr für die irdisch Reichen, um als Ärmste unter den Armen das zu sühnen, was sie als Reiche versäumt haben.

Hat das Friedensreich Jesu Christi weitere Evolutionsschritte getan, dann wird es weder arm noch reich geben. Alle Menschen sind dann reich in Meinem Geiste, da sie das innere Reich erschlossen haben. Entsprechend werden sie auch auf der neuen Erde leben, unter einem anderen Himmel.

Daher seid bereit, Gott zu dienen und aus Liebe zu Gott auch euren Mitmenschen.

Erkennet: Keiner kann zwei Herren dienen, Gott und dem Mammon. Einzig die selbstlose Liebe eint alle

Menschen und Völker. Der Mensch auf Erden und die Seele in den Stätten der Reinigung – beide werden einst zur Entscheidung geführt: Gott oder dem Mammon zu dienen, für Gott oder gegen Gott zu sein. Es gibt nichts dazwischen: entweder für Gott – oder für das Satanische.

Trachte zuerst nach dem Reich Gottes

15. Darum sage Ich euch: Sorget nicht für euer Leben, was ihr essen und trinken werdet; auch nicht für eueren Leib, was ihr anziehen werdet. Ist nicht das Leben mehr denn die Nahrung und der Leib mehr denn die Kleidung? Und was nützet es einem Menschen, wenn er die ganze Welt gewänne, aber sein Leben verliere?

16. Sehet die Vögel in der Luft: Sie säen nicht und ernten nicht, noch sammeln sie in Scheunen; und euer himmlischer Vater nährt sie doch. Seid ihr denn nicht viel besser behütet denn sie? Wer ist aber unter euch, der seiner Länge eine Elle zusetzen könnte, wenn er das wollte? Und warum sorget ihr so sehr um eure Kleidung? Sehet die Lilien auf dem Felde, wie sie wachsen; sie arbeiten nicht und spinnen auch nicht. Und doch, sage Ich euch, Salomo in all seiner Pracht und Herrlichkeit war nicht so geschmückt wie sie.

17. Warum sollte nicht Gott, der das Gras auf dem Felde kleidet, das doch heute steht und morgen im Ofen verbrannt wird, euch nicht viel mehr kleiden, o ihr Kleingläubigen?

18. Darum sollt ihr nicht besorgt sein und fragen: Was werden wir essen? Was werden wir trinken? oder: Womit werden wir uns kleiden? (Wie es die Heiden tun.) Denn euer himmlischer Vater weiß, daß ihr das alles braucht. Trachtet zuerst nach dem Reiche Gottes und nach Seiner Gerechtigkeit, so wird euch dies alles dazufallen. Darum sorget euch nicht um die Übel von morgen. Es ist genug, daß ein jeder Tag seine eigenen Übel hat.« (Kap. 26, 15-18)

Christus erklärt, berichtigt und vertieft das Wort:

Wer sich um sein persönliches Leben, um sein Wohl, Sorgen macht – was er z. B. morgen essen und trinken oder womit er sich bekleiden soll –, der ist ein schlechter Planer; denn er denkt dabei nur an sich selbst, an sein eigenes Wohl und an seinen Besitz. Damit plant er auch zugleich sein Weh und Ach mit ein.

Wer hingegen den Willen Gottes erfüllt, ist ein guter Planer. Er wird sowohl die Tage als auch die Zukunft planen. Doch er weiß, daß seine Planung nur eine Vorgabe ist, die in Gottes Hand ruht.

Er legt sein Planen in Gottes Hand, arbeitet mit Gottes Kräften und läßt sich im Tagesgeschehen von Gott führen. Denn er weiß: Gott ist der allwissende

Geist und der Reichtum seiner Seele. Wer sich Gott anvertraut, sein Tagewerk in Gottes Licht stellt und das Gesetz »Bete und arbeite« erfüllt, der wird den gerechten Lohn empfangen. Er wird alles besitzen, was er benötigt.

Wenn Gott, der Ewige, die Natur schmückt und die Lilien des Feldes kleidet, um wieviel mehr wird Er Sein Kind ernähren und kleiden, das Seinen Willen erfüllt! Sorgt also nicht für morgen, sondern plant und übergebt euren Plan in den Willen Gottes – und Gott, der euren Plan kennt, wird euch das erfüllen, was für euch gut ist.

Ich gebe ein Beispiel: Ein guter Architekt wird sorgfältig das Haus planen und alle Details beachten. Wenn er seinen Plan fertiggestellt hat, wird er ihn noch einmal überprüfen und dann dem Bauherrn zur Prüfung vorlegen. Ist dieser mit dem Plan einverstanden, dann werden die Handwerker nach dem Plan arbeiten. Der Architekt und der Bauherr werden die Durchführung überwachen und nur dann eingreifen, wenn etwas nicht der Planung entspricht.

Ähnlich solltet ihr es mit eurem Leben halten: Plant jeden Tag, und plant gut! Räumt euch auch Zeit für besinnliche Stunden ein, in denen ihr zur inneren Ruhe findet und euer Leben und eure Planung immer wieder überdenken könnt. Eine sorgfältige Tagesplanung, die in den Willen Gottes gelegt wurde, wird Gott auch mit Seinem Willen durchdringen. Wer seinen Plan so ausführt, braucht sich nicht um morgen zu sorgen. Sein Glaube an die Führung Gottes sind die positiven Gedanken; aus ihnen ergeben sich positive Worte und gesetzmäßiges Handeln. Positive Gedanken, Worte und Handlungen sind die besten Werkzeuge, denn in ihnen wirkt Gottes Wille. Das heißt, in jedem positiven Gedanken, in jedem selbstlosen Wort, in jeder selbstlosen Geste und Tat wirkt Gottes Wille, Sein Geist. Gott wird dem guten Planer alles geben, was er benötigt, und darüber hinaus.

Nur der sorgt sich um morgen, der sich nicht Gott anvertraut, der die Tage verstreichen läßt und sie nicht nützt. Wer in den Tag hineinlebt und dann seinem Nächsten die Schuld gibt, wenn ihm manches mißlingt, wenn er krank ist, wenn er Hunger hat, wenn er das Notwendige des täglichen Lebens nicht erwerben kann – der ist kein guter Planer. Er ist ein ängstlicher, ichbezogener Mensch, der das herbeizieht, was er nicht möchte und wovor er Angst hat. Wer nicht mit Gottes Hilfe die Stunden, Tage und Monate plant und seine Planung und sich selbst in den Willen Gottes stellt, den kann Gott nicht führen. Nur wer sein Tagewerk Gott anvertraut und gewissenhaft das Gebot »Bete und arbeite« erfüllt, der kann von Gott geführt werden, der ist von Ihm erfüllt – der ist gefüllt von Liebe, Weisheit und Kraft. Das heißt, sein Gefäß, sein Leben, ist erfüllt von Vertrauen und Glauben an Gott.

Menschen im Geiste Gottes werden nicht darben. Sie sind gute Planer, sind stark im Glauben und arbeiten mit den Kräften des Geistes. Nur der Ängstliche ist auf sich, auf sein kleines Ich, bedacht. Er sorgt sich um morgen, weil er nicht in Gott gefestigt ist und nicht an Gottes Weisheit und Liebe glaubt. Damit öffnet er unbewußt die Scheune für die Diebe, die kommen und stehlen. Was er für sich persönlich erobert und gehortet hat, wird er verlieren.

Aus Gottes Hand empfangen die Menschen Nahrung, Obdach und Kleidung. Wer sein Leben, sein Denken und seine Arbeit in Gottes Hand legt, der braucht sich nicht um morgen zu sorgen. Er wird besitzen, was er heute, morgen und in Zukunft benötigt – und darüber hinaus.

Wer also im inneren Reich lebt, der wird auch im Äußeren nicht darben. Wer jedoch im Inneren arm ist, der wird im Äußeren darben. Wenn er heute im Äußeren lebt und weltlichen Reichtum für sich mehrt und für sich persönlich behält, so ist er im Inneren arm, und wird in einem anderen Erdenkleide darben, also arm sein.

Daher trachtet zuerst nach dem Reiche Gottes und nach Seiner Gerechtigkeit, dann wird euch alles von Gott gegeben, was ihr benötigt – und darüber hinaus. Sehet die Vögel der Luft: Sie säen und ernten nicht und sammeln nicht in Scheunen; und doch ernährt sie unser himmlischer Vater. »Sehet die Lilien auf dem Felde, wie sie wachsen; sie arbeiten nicht und spinnen auch nicht.« Die Natur in ihrer Vielfalt ist schöner gekleidet als der Reichste unter den Reichen. Wer nur an sein Wohl und an seine vollen Scheunen denkt, der wird entweder in dieser irdischen Daseinsform oder in einer anderen Einverleibung – solange dies noch möglich ist – im Schweiße seines Angesichtes sein Brot verdienen.

Rechtes Beten und Arbeiten heißt, für sich und für das Gemeinwohl arbeiten. Erkennt: Die Lilien des Feldes – ja die ganze Natur – sind für alle Menschen da und schenken sich ihnen auf das Vielfältigste. Wer das zu erfassen und zu schätzen vermag, der wird nicht im Schweiße seines Angesichtes sein Brot verdienen müssen. Er wird das Gesetz »Bete und arbeite« erfüllen – für sich und für seine Nächsten.

Und wenn geschrieben steht »sie arbeiten nicht und spinnen auch nicht«, so heißt dies: Der Mensch soll nicht nur an sich denken und nur arbeiten, um für sich allein Gewinn zu erlangen, sich damit zu schmücken und zu zeigen.

Erkennet: Alles Sein ist in Gottes Obhut. Tiere, Bäume, Pflanzen, Gräser und Steine sind in Gottes Obhut. Sie stehen im Evolutionsleben, das vom ewigen Schöpfergott gelenkt ist. Da alles Leben aus Gott ist, so empfinden auch Tiere, Bäume, Pflanzen, Gräser und Steine. Sie erleben in sich die Evolutionskraft des Schöpfers, die sie belebt und im Zyklus der göttlichen Äonen zur weiteren Entfaltung führt. Die Schöpferkraft, das ewige Sein, schenkt den Naturreichen das, was sie benötigen. Die Gaben des Lebens strömen den Lebensformen in dem Maße zu, wie diese geistig entfaltet sind.

Der ewige Vater gedenkt jeden Grashalms. Um wieviel mehr gedenkt der Ewige Seiner Kinder, welche die Evolutionsstufen der Mineral-, Pflanzen- und Tierreiche in sich schon entfaltet haben! Die Kinder Gottes tragen in sich den Mikrokosmos aus dem Makrokosmos und stehen so mit der ganzen Unendlichkeit in Kommunikation.

Wie arm ist doch der Mensch, der sich um das Morgen sorgt! Er zeigt selbst, daß er das Gestern noch nicht bewältigt hat, da er nicht im Heute, im Jetzt, also in Gott, zu leben vermag.

Das Innere des Menschen, das reine Sein, ist der Inbegriff der Unendlichkeit. Wer das als Mensch erfaßt, der schaut nach innen und entfaltet die Gesetze des Lebens, so daß er alles Äußere im Lichte der Wahrheit zu schauen vermag.

Erkennet: Dem Menschen, der allumfassend – also unbegrenzt – denkt und lebt, dient die Unendlichkeit. Menschen im Geiste der Liebe sind nicht auf sich bezogen, sondern all-bewußt. Sie stehen in beständiger Kommunikation mit den Gotteskräften in allem Sein. Was sie tun, tun sie von innen heraus mit der Kraft der Liebe. Sie planen und wirken nach dem Gebot »Bete und arbeite« und vergeuden nicht den Tag. Sie wissen um die Kostbarkeit des Tages, der Stunden und Minuten und nützen die Zeit.

Wer also wahrhaftig lebt, der sorgt sich nicht um morgen; er empfängt schon heute das, was er morgen besitzt. Denn wer in Gott lebt, wird heute und morgen nicht darben. Wer jedoch ängstlich bleibt und seine Habe an sich zieht, der wird morgen arm sein.

Wer sich jedoch als kosmisches Wesen sieht, das uneingeschränkt Gottes Willen erfüllt, der erlangt Weisheit und Kraft. Wer mit Liebe und Weisheit erfüllt ist, dessen Leben ist von der Kraft Gottes durchdrungen. Ihm wird es an nichts mangeln. Wer sich jedoch um morgen sorgt und die Zukunft düster sieht, der zieht das Übel an; er wird jeden Tag seine Last haben.

Denkt also nicht ängstlich an morgen! Plant mit Gottes Kraft – und laßt den Ewigen durch euch wirken.

Dann sind eure Gedanken positive Magneten, die wieder Positives und Aufbauendes anziehen. Denn Gedanken, Worte und Taten sind Magneten. Entsprechend ihrer Art ziehen sie wieder Gleiches oder Ähnliches an.

Richte nicht über deinen Nächsten

1. »Richtet nicht, auf daß ihr nicht gerichtet werdet. Denn mit welcherlei Gericht ihr richtet, werdet ihr gerichtet werden; und mit welcherlei Maß ihr messet, wird euch wieder gemessen werden. Und wie ihr anderen tut, so wird euch getan werden. (Kap. 27, 1)

Christus erklärt, berichtigt und vertieft das Wort:

Ihr habt gelesen: Gedanken, Worte und Handlungen sind Magneten. Wer seinen Nächsten in Gedanken und mit Worten richtet und verurteilt, der wird also Gleiches oder Ähnliches an sich selbst erfahren.

Erkennet: Eure negativen Gedanken, Worte und Handlungen sind eure eigenen Richter. »Mit welcherlei Maß ihr messet« – ob in Gedanken oder in Worten und Handlungen –, so werdet ihr selbst gemessen werden. So, wie ihr euren Nächsten abwertet, um euch selbst aufzuwerten, werdet ihr gewertet werden: Ihr werdet euren Wert erfahren und erleiden. Und wenn ihr sagt: »Dem einen muß genügen, was er hat – der andere soll mehr bekommen«, so werdet ihr einst nur so viel besitzen oder noch weniger als der, dem ihr weniger zugestanden habt: Wie ihr eurem Nächsten im Denken, Reden und Tun begegnet, so wird es euch einst selbst ergehen.

Beginne bei dir selbst

2. *Was siehst du den Splitter in deines Bruders Auge und wirst des Balkens in deinem Auge nicht gewahr? Oder wie darfst du zu deinem Bruder sagen: Ich will dir den Splitter aus deinem Auge ziehen? Und siehe, ein Balken ist in deinem Auge. Du Heuchler, ziehe zuerst den Balken aus deinem eigenen Auge, dann erst siehst du klar, um den Splitter aus deines Bruders Auge ziehen zu können. (Kap. 27, 2)*

Christus erklärt, berichtigt
und vertieft das Wort:

Nur der Mensch spricht beständig über den Splitter im Auge seines Nächsten, der des Balkens im eigenen Auge nicht gewahr wird. Nur der befleißigt sich, den Splitter aus dem Auge seines Bruders herausziehen zu wollen, der sein eigenes Denken und Leben nicht kennt. Wer sich nicht kennt und nicht den Balken – die Sünden der Seele, die sich in seinen eigenen Augen widerspiegeln –, der hat keinen Blick für die Wahrheit. Sein Auge ist getrübt von der Sünde. Er sieht dann im Nächsten nur das, was auch er selbst noch ist: einen Sünder. Nur wer den Balken in seinem eigenen Auge bearbeitet, der schaut zunehmend klarer. Dann kann er immer deutlicher den Splitter im Auge seines Bruders erkennen und ihm nach dem Gesetz der Nächstenliebe behilflich sein, diesen zu entfernen.

Wer also über seine Mitmenschen negativ spricht, sie abwertet und ihnen Übles nachsagt, der kennt seine eigenen Fehler nicht.

An den Früchten sollt ihr sie erkennen! Jeder zeigt selbst, wer er ist – also seine Frucht. Wer sich über seine Mitmenschen erregt und diese lächerlich macht, zeigt, wer er wahrlich ist.

Wer zuerst seine eigenen Fehler ablegt, der ist auch fähig, seinem Nächsten zu helfen. Deshalb ist jeder ein Heuchler, der abfällig über die Fehler seines Bruders spricht – und dabei den Balken im eigenen Auge nicht bemerkt.

Missioniere nicht

3. Ihr sollt das, was heilig ist, nicht den Hunden geben, noch eure Perlen vor die Säue werfen, auf daß sie diese nicht zertreten mit ihren Füßen und nicht sich umkehren und euch zerreißen. (Kap. 27, 3)

Christus erklärt, berichtigt
und vertieft das Wort:

Es entspricht nicht dem ewigen Gesetz des freien Willens, daß ihr mit den Worten der Wahrheit von Ort zu Ort, von Haus zu Haus zieht, eure Überredungs- und Überzeugungskünste anwendet und jeden, dessen ihr habhaft werdet, missioniert. Denn das würde bedeuten, daß ihr die Wahrheit nicht heiligt und es so macht, wie es bildhaft geschrieben steht: »Ihr sollt das, was heilig ist, nicht den Hunden geben, noch eure Perlen vor die Säue werfen.« Ihr sollt also das Wort Gottes eurem Nächsten nicht aufdrängen. Wer glaubt, daß sein Nächster das glauben und annehmen müsse, von dem er glaubt, überzeugt zu sein, der hat selbst noch Zweifel und stellt seinen eigenen Glauben in Frage.

Missionieren heißt überzeugen wollen. Wer überzeugen möchte, der ist in seinem Inneren selbst nicht von dem überzeugt, was er anpreist.

Seid jedoch gute Vorbilder in eurem Glauben und keine Missionierenden. Ihr könnt euer Glaubensgut anbieten und jedem freistellen, ob er daran glauben oder nicht glauben möchte, ob er es mit euch halten möchte oder nicht.

Die Freiheit in Gott ist ein Aspekt des ewigen Gesetzes. Wenn euer Nächster aus freiem Willen zu euch kommt und euch nach eurem Glauben fragt, so macht er den ersten Schritt auf euch zu; und wer im Glauben steht, der wird daraufhin auf seinen Nächsten zugehen und ihm antworten.

Wer mit seinem Nächsten in einer göttlichen Verbindung steht, der wird ihn nicht an seinen Glauben binden – sondern ihm nur so viel mitteilen, wie er selbst erkannt und verwirklicht hat. Nur derjenige will seinen Nächsten an seinen Glauben binden, der wenig selbstlose Liebe entfaltet hat.

Daher hütet euch vor den Übereifrigen, die euch zu ihrem Glauben überreden wollen. Bietet die ewige Wahrheit an in Wort und Schrift – und lebt selbst danach; dann werden auf euch die zukommen, die das Leben in sich erkannt haben.

Kehre ein in dein Inneres

4. Bittet, so wird euch gegeben werden; suchet, so werdet ihr finden. Klopfet an, so wird euch aufgetan; denn jeder, der da bittet, wird empfangen, und der da sucht, wird finden, und denen, die da anklopfen, wird aufgetan. (Kap. 27, 4)

Christus erklärt, berichtigt und vertieft das Wort:

Nur der Mensch bittet, sucht und klopft an der Pforte zum Inneren Leben an, der noch nicht sein Inneres, das Königreich der Liebe, betreten hat. Das Reich Gottes ist inwendig in der Seele eines jeden Menschen.

Der erste Schritt auf dem Pfad zum Inneren Leben, auf dem Weg zur Pforte des Heils, ist die Bitte an Gott um Hilfe und Beistand. Der nächste Schritt ist die Suche nach Gottes Liebe und Gerechtigkeit. Der Wanderer findet das Leben, Gottes Liebe und Gerechtigkeit, in den Geboten des Lebens, die Wegweiser sind auf dem Weg nach Innen.

Ein weiterer Schritt ist das Anklopfen im eigenen Herzenskämmerlein, an der inneren Pforte. Diese Pforte zum Herzen Gottes öffnet sich nur dem, der ehrlich gebetet, gesucht und angeklopft hat. Dem Verstandesmenschen, der nur nach äußeren Werten und Idealen trachtet, öffnet sich nicht die innere Pforte. Auch die Zweifler werden nicht empfangen.

Wer also bittet, sucht und anklopft, der muß es aus Liebe zu Gott tun und nicht, um Gottes Liebe zu prüfen.

Erkennet: Wer nur prüfen möchte, ob Gottes Liebe tatsächlich existiert, der wird sehr rasch selbst auf den Prüfstein kommen. Wer in Gott lebt, dem steht die Herzenspforte offen. Er braucht nicht mehr zu bitten – er hat bereits empfangen; denn Gott kennt Seine Kinder. Wer in das Herz Gottes eingekehrt ist, der hat in seiner Seele schon empfangen. Das heißt, der Reichtum aus Gott leuchtet verstärkt in seiner Seele und strahlt durch ihn, den Menschen. Wer in sein Inneres eingekehrt ist, der braucht nicht mehr zu suchen – er ist im Königreich des Inneren zu Hause. Und wer bewußt Wohnung in ihm genommen hat, der braucht nicht mehr anzuklopfen; er ist bereits eingekehrt und lebt in Gott und Gott durch ihn.

Nur jene werden bitten, suchen und anklopfen, die noch draußen stehen und noch nicht wissen, daß sie tief in ihrer Seele das tragen, was sie wahrhaft reich macht: Gottes Liebe und Weisheit.

Gib, was du erwartest

5. Welcher ist hier unter euch, der einen Stein gibt, wenn ihn sein Kind um Brot bittet, oder eine Schlange, wenn es um einen Fisch bittet? Wenn ihr, die ihr böse seid, dennoch euren Kindern gute Gaben geben könnt, wieviel mehr wird euer Vater im Himmel Gutes geben jenen, die Ihn bitten.

6. Was auch immer ihr wollt, daß euch die Menschen tun sollen, das tut ihnen ebenso, und was ihr nicht wollt, daß sie euch tun, das tut auch ihr ihnen nicht; denn dies ist das Gesetz und die Propheten.

(Kap. 27, 5-6)

Christus erklärt, berichtigt und vertieft das Wort:

Erkennet: Ihr sollt nicht von euren Mitmenschen das verlangen, was zu geben ihr selbst nicht gewillt seid.

Wenn ihr von eurem Nächsten etwas erwartet, das er für euch tun soll, so stellt euch die Frage: Weshalb tut ihr es nicht selbst? Wer von seinem Nächsten z.B. Geld und Gut erwartet, damit er selbst in seiner Bequemlichkeit nicht arbeiten muß, oder wer von seinem Nächsten Treue erwartet und selbst nicht treu ist, oder wer von seinem Nächsten an- und aufgenommen werden möchte, selbst jedoch seine Mitmenschen weder an- noch aufnimmt – der ist selbstsüchtig und arm im Geiste.

Was immer du von deinem Nächsten verlangst, das besitzt du selbst nicht im Herzen.

Es ist ungesetzmäßig, aus Erwartungshaltung seine Mitmenschen zu Handlungen, Aussagen oder Verhaltensweisen zu zwingen, zu denen sie von sich selbst aus nicht bereit wären.

Hast du in deinen Wünschen an deinen Nächsten deine Erwartungshaltung erkannt, so kehre rasch um und leiste du zuerst selbst, was du von deinem Nächsten verlangst.

Jeder Zwang ist ein Druck, der wieder Zwang und Gegendruck erzeugt. Durch ein solches erpresserisches Verhalten gegenüber deinen Mitmenschen bindest du dich an sie und machst sowohl dich als auch den, der sich erpressen ließ, zum Sklaven der niederen Natur. Solche Zwangsmethoden wie: »Ich erwarte von dir, und du erwartest von mir – jeder gibt dem anderen, was dieser verlangt« führen zu Bindung.

Was gebunden ist, hat keinen Platz im Himmel. Beide, die aneinander gebunden sind, werden einander einst wieder begegnen, entweder im feinstofflichen Leben oder in weiteren Einverleibungen.

Diese Form von Bindung gilt nicht am Arbeitsplatz. Hast du dich im Berufsleben freiwillig in einen Arbeitsbereich eingeordnet und der Verantwortliche gibt dir Aufgaben, die du im Rahmen deiner Tätigkeit durchführen sollst, so hast du hierzu schon mit deinem Eintritt in den Betrieb ja gesagt. Du hast dich freiwillig in den Arbeitsbereich und in das Arbeitsteam eingeordnet, um zu tun, was dir aufgetragen wird. Wenn du also einen Arbeitsplatz wählst, dann sollst du auch ausführen, was dir gemäß deinem selbstgewählten Arbeitsbereich aufgetragen wird. Die Aussage »Was auch immer ihr wollt, daß euch die Menschen tun sollen, das tut ihnen ebenso ... « gilt also nicht für den selbstgewählten Beruf oder Arbeitsbereich.

»Was ihr nicht wollt, daß sie [die Menschen] euch tun, das tut auch ihr ihnen nicht« bedeutet: Wenn ihr nicht verlacht und verspottet werden wollt oder nicht bestohlen und belogen werden wollt oder nicht um Hab und Gut gebracht werden wollt oder nicht gegängelt werden wollt oder nicht eures freien Willens beraubt werden wollt oder nicht geschlagen und beschimpft werden wollt, so tut dies auch nicht euren Mitmenschen. Denn was ihr dem Geringsten eurer Brüder antut, das tut ihr Mir an – und euch selbst. Was ihr nicht wollt, daß man euch tu, das fügt auch keinem eurer

Nächsten zu – denn alles, was von euch ausgeht, kommt wieder auf euch zurück. Deshalb prüft eure Gedanken und hütet eure Zunge!

Widerstehe der Versuchung – entscheide dich für Gott

7. Gehet ein durch die enge Pforte. Denn schmal ist der Pfad und eng ist die Pforte, die zum Leben führen, und wenige sind ihrer, die sie finden. Doch weit ist die Pforte und breit der Weg, der ins Verderben führt, und ihrer sind viele, die darauf wandeln. (Kap. 27, 7)

Christus erklärt, berichtigt und vertieft das Wort:

»... schmal ist der Pfad und eng ist die Pforte, die zum Leben führen« bedeutet: In jedem, der sich bemüht, den schmalen Weg zum Leben zu wandeln, meldet sich der Finsterling und zeigt ihm – wie Mir als Jesus von Nazareth – die Schätze und Annehmlichkeiten dieser Welt. Täglich gilt es aufs neue, dem Satanischen zu widerstehen und ihm zu widersagen. Wer nicht wachsam ist, der wird ihm hörig.

Erkennet: Jeder, der die ersten Schritte hin zum Leben vollzieht, fühlt sich zuerst eingeengt und eingeschränkt, bis er sich endgültig entschieden hat. Denn was er bisher an Menschlichem gedacht und getan hat, das soll er nun lassen.

Die ersten Schritte gehen in das Ungewisse – sie heißen Glauben und Vertrauen. Bis die ersten Schritte getan sind, ist der Pfad zum Leben schmal und eng. Die ersten Hürden, die auf dem Wege zum Herzen Gottes genommen werden sollten, heißen: Denke um, und unterlasse die alten, menschlichen Gewohnheiten! Bereue, vergib, bitte um Vergebung, und sündige nicht mehr! Das bedeutet für jeden einzelnen eigene Anstrengung und Umstellung alles dessen, was bei ihm bisher üblich war.

Wer jedoch mit Meiner Kraft durchsteht, der wird den schmalen Pfad verlassen und dann auf die große Lichtstraße in das Reich des Inneren gelangen, auf der er mit den Wanderern in das Licht dem Tor zur Absolutheit zustrebt, dem Leben in Gott.

Jeden Tag wird der Mensch geprüft: für oder wider Gott.

Wer sich gegen Mich entscheidet, indem er alle menschlichen Annehmlichkeiten behält und all das, was ihn menschlich macht, der wird auf der breiten, dunklen Straße nicht in Versuchung geführt werden, da er sich dem Versucher verschrieben hat. Auf dieser Straße ins Verderben wandeln gar viele. Sie werden nicht geprüft wie jene, die den schmalen Pfad zum Leben gehen.

Wer sich dem Versucher verschrieben hat, der sagt damit auch uneingeschränkt zu dem ja, was er auf Grund seiner Saat zu ernten hat.

An ihren Früchten sollt ihr sie erkennen

8. Hütet euch vor den falschen Propheten, die in Schafskleidern zu euch kommen, inwendig aber reißende Wölfe sind. An ihren Früchten sollt ihr sie erkennen. Kann man Trauben lesen von den Dornen oder Feigen von den Disteln?

9. Ebenso bringt jeglicher gute Baum gute Frucht, aber ein fauler Baum bringt schlechte Frucht. Ein jeglicher Baum, der keine gute Frucht bringt, ist nur noch dazu gut, umgehauen und ins Feuer geworfen zu werden. Darum, an ihren Früchten sollt ihr das Gute von dem Schlechten unterscheiden. (Kap. 27, 8-9)

Christus erklärt, berichtigt und vertieft das Wort:

Am Ende der materialistischen Tage, der »Raff- und Gierzeit«, werden viele falsche Propheten auftreten. Sie werden viel über die Liebe Gottes reden – und doch sind ihre Werke Menschenwerke. Nicht der ist ein echter Prophet und ein geistig Weiser, der von der Liebe Gottes spricht, sondern allein der, dessen Werke gut sind.

Die Gabe zu prüfen hat jedoch nur derjenige, der zuerst seine eigene Gesinnung prüft: ob er selbst wahrhaft an das Evangelium der selbstlosen Liebe glaubt und auch den Sinn des Evangeliums erfüllt – und was er selbst schon aus selbstloser Liebe an seinem Nächsten verwirklicht hat.

Ihr könnt erst dann eure Mitmenschen erkennen und die Unterschiede von Gut, weniger Gut und Schlecht erspüren, wenn ihr einige Grade geistiger Reife erlangt habt.

Wer seine Nächsten noch verurteilt und über sie negativ denkt und spricht, der kann seine Mitmenschen noch nicht prüfen. Ihm mangelt es an der Unterscheidungsgabe. Er urteilt nur – und prüft nicht.

Wenn ihr selbst noch eine schlechte Frucht seid, wie könnt ihr die guten Früchte erkennen? Wer Gottes Gesetze nicht verwirklicht, dem fehlt es also an der Unterscheidungsgabe, was gut, weniger gut und schlecht ist.

Wer seinen Nächsten prüfen möchte, der prüfe also zuerst sich selbst, ob er die Gabe der Unterscheidung besitzt zwischen gerecht und ungerecht.

Sehr rasch kann eine gute Frucht verworfen werden und die schlechte bejaht: dann, wenn die faule Frucht sich mit viel Reden hervortat und mit viel scheinbar überzeugenden Worten und Gesten wirkt.

Erkennet: Gleiches zieht zu Gleichem. Wer selbst noch eine faule Frucht ist, dem sind die faulen Früchte näher als die guten. Wer jedoch selbstlos ist, der ist eine gute Frucht, dem ist auch das Gute, das Selbstlose, nahe.

Wer selbstlos ist, der hat auch die Unterscheidungsgabe zwischen den guten, den weniger guten und den schlechten Früchten. Wer also die guten von den schlechten Früchten unterscheiden möchte, der muß zuerst selbst eine gute Frucht sein. Nur die gute Frucht kann die schlechte erkennen. Die schlechte Frucht sucht immer wieder ihre gleichgesinnten schlechten Früchte, um gegen die guten vorzugehen. Die schlechten Früchte verurteilen, verwerfen, richten und binden.

Die guten, reifen Früchte haben Verständnis, sind wohlwollend und tolerant und ihrem Nächsten gegenüber gütig. Sie sprechen wohl die Mißstände an, doch sie bewahren ihre Nächsten in ihrem Herzen. Das bedeutet: Sie urteilen, verurteilen und richten nicht mehr.

Ich wiederhole: An ihren Früchten sollt ihr sie erkennen.

Die gute Frucht kennt die schlechte Frucht, doch die schlechte Frucht erkennt nicht die gute Frucht. Die gute Frucht schaut einzig auf das Gute, die schlechte Frucht einzig auf das Schlechte. Entsprechend denkt, spricht und handelt der Mensch.

Erfülle den Willen Gottes

10. Es werden nicht alle, die zu Mir sagen: Herr! Herr! in das Himmelreich kommen, sondern die den Willen tun Meines Vaters der im Himmel ist. Es werden viele zu Mir sagen an jenem Tage: Herr, Herr, haben wir nicht in Deinem Namen geweissagt? Haben wir nicht in Deinem Namen Teufel ausgetrieben? Haben wir nicht in Deinem Namen viele wunderbare Werke getan? Dann werde Ich zu ihnen sprechen: Ich habe euch noch nie gekannt; weichet alle von Mir, die ihr Böses bewirkt. (Kap. 27, 10)

Christus erklärt, berichtigt und vertieft das Wort:

Wer nur Meinen Namen anruft und nicht den Willen Meines Vaters erfüllt, der ist trotz seiner scheinbar geistig wirkungsvollen Reden und seiner scheinbar verbindlichen Worte arm im Geiste und wird nicht in das Himmelreich eingehen.

Wer jedoch selbstlose Taten vollbringt, ohne Lohn und Anerkennung zu erwarten, der ist es, der den Willen Meines Vaters tut; denn so, wie er handelt, so denkt und spricht er auch.

Selbstlose Taten entstehen einzig aus gotterfüllten Empfindungen und Gedanken. Sind die Gedanken des Menschen unlauter, dann sind auch seine Worte schal und seine Taten ichbezogen.

Erkennet: Wer dem Anschein nach aus dem Ich Bin spricht, also scheinbar Mein Wort spricht, und dem Anschein nach in Meinem Namen Taten vollbringt und davon gut lebt, der hat schon seinen Lohn empfangen. Er wird im Himmel keinen Lohn mehr erhalten. Wer selbstlos Werke der Liebe tut und für sein irdisches Brot arbeitet, der wird im Himmel den gerechten Lohn empfangen.

Erkennet: Das geistige Brot ist die geistige Nahrung der Seele. Das Brot für den Leib soll nach dem Gesetz von »Bete und arbeite« verdient werden.

Das geistige Brot kommt von den Himmeln und wird denen gereicht, die das Gesetz der Liebe und des Lebens wahren und auch das Gebot »Bete und arbeite« erfüllen.

Die irdische Speise schenkt Gott den Menschen durch die Erde. Die Früchte der Erde bedürfen der Zubereitung durch der Hände Arbeit. So ist der Arbeiter seines Lohnes wert.

Erkennt den Unterschied zwischen dem Brot für die Seele und dem Brot für den irdischen Leib! Wohl entströmen beide einer Quelle, jedoch ist das eine geistig und wird der Seele gereicht, und das andere ist verdichteter Stoff, Materie, und wird dem physischen Körper gegeben. Was der große Geist, Gott, den Menschen für ihren physischen Körper schenkt, bedarf menschlicher Arbeit; z. B. muß gesät, bestellt, geerntet und aufbereitet werden. Dafür soll der Mensch auch vom Menschen entlohnt werden.

In das Reich Gottes wird nur der aufgenommen werden, der alles aus Liebe zu Gott und den Menschen tut.

Baue auf den Felsen – Christus

11. Darum, wer diese Meine Wort hört und sie befolgt, den vergleiche Ich mit einem klugen Mann, der sein Haus fest auf einem Felsen baute. Und ein Regen fiel und die Fluten kamen und die Winde bliesen um dieses Haus: und es fiel nicht ein; denn es war auf einen Felsen gegründet.

12. Und wer diese Meine Worte hört und sie nicht befolgt, der sei mit einem törichten Mann verglichen, der sein Haus auf Sand baute. Und ein Regen fiel und die Fluten kamen und die Winde bliesen und stießen an das Haus, und es fiel ein, und groß war sein Sturz. Aber eine Stadt, welche fest gebaut ist, ummauert in einem Kreis fest oder auf dem Gipfel eines Berges und auf einen Felsen gegründet, kann niemals fallen noch verborgen sein.«

13. Und es geschah, daß Jesus diese Rede vollendet hatte, erstaunte das Volk über Seine Lehre. Denn Er sprach Kopf und Herz an, wenn Er lehrte und redete nicht wie die Schriftgelehrten, die nur von Amtes wegen lehrten. (Kap. 27, 11-13)

Christus erklärt, berichtigt
und vertieft das Wort:

Wer Meine Worte hört und befolgt, der entwickelt sein geistiges Leben. Er gründet sein Leben auf Mich, den Felsen. Dann wird er auch jeglichen Stürmen und Fluten standhalten. Nach diesem Erdenleben wird seine Seele bewußt in das geistige Leben eingehen und dort kein Fremdling sein, weil der Mensch schon auf Erden im Reiche des Inneren gelebt hat.

Der Prophetische Geist ist das Feuer in dem Propheten und in allen Erleuchteten. Gott sprach und spricht durch sie nicht wie jene, »die nur von Amtes wegen lehrten«. Die Propheten und Erleuchteten sprachen und sprechen aus der Vollmacht des Ewigen, des redenden Gottes, ob es die Menschen wahrhaben möchten oder nicht.

Es steht geschrieben: »Er sprach Kopf und Herz an.« Was der Intellekt, der Kopf, aufnimmt, das wird von den »Kopfdenkern« beredet und diskutiert. Trotz allem fällt so manch kleiner Same in ihr Herz. Wer das Wort des Lebens mit dem Herzen aufnimmt, der bewegt es auch in seinem Herzen und bringt die gute Saat, das Leben, sofort zum Keimen.

Wer jedoch das Wort Gottes nur mit dem Intellekt erfassen will, der wird später – vielleicht erst nach einigen Schicksalsschlägen – erkennen müssen, was er durch seine Zweifel und durch seinen Verstandesdünkel abgelehnt hat. Er muß erkennen, daß der Same, das Wort Gottes, das aus dem Füllhorn des Lebens durch Propheten und Erleuchtete gegeben wurde, ihm viel erspart hätte.

Das Buch »Das ist Mein Wort« wirkt in die Neue Zeit, in die Zeit des Christus, hinein. Mein Leben einst als Jesus von Nazareth und Mein Wort als Christus heute [1989] sind die Grundlage.

Für das Leben und Denken der Menschen der Neuen Zeit im Friedensreich Jesu Christi wird Maßstab sein, wie Ich als Jesus von Nazareth gedacht, gelehrt und gelebt habe. Auf diese Weise Bin Ich ihnen sehr nahe. Sie werden Mich im Geiste als ihren Bruder begrüßen und Mich als Herrscher des Reiches Gottes auf Erden an- und aufnehmen.

Dieses Buch ist ein Werk der Liebe und des Lebens. Aus ihm erfahren die Menschen im Friedensreich auch, wie Ich die Lichtzeit auf der Erde eingeleitet und aufgebaut habe. Sie erfahren, daß Ich durch viele Getreue gewirkt habe, die mit Mir für die Neue Zeit gekämpft und gelitten haben. Dieses Buch »Das ist Mein Wort«, ist damit ein historisches Dokument. Es wird sowohl jetzt – in der zur Neige gehenden alten Welt – als auch dann – in der immer mehr aufbrechenden Neuen Zeit – gelesen werden.

Die Menschen erkennen daraus auch die Erfüllung des göttlichen Erlöserauftrages, angefangen von Meinem Wirken als Jesus von Nazareth, dann als Erlöser, als Christus Gottes – und nun als Erbauer der Neuen Zeit, in der Ich Mein Kommen als Herrscher des Friedensreiches vorbereite, in der Ich denen Bruder Bin, die mit Mir und den vielen, deren Herzen rein sind, in der Bruderschaft Christi leben.

Die Zwölf Gebote Jesu

Die Zwölf Gebote Jesu

Die Bibel der Christenheit enthält die Zehn Gebote Gottes, die Mose der Menschheit brachte, und auch Teile der Lehre Jesu von Nazareth.

In Seinem Offenbarungswerk »Das ist Mein Wort. A und Ω. Das Evangelium Jesu. Die Christusoffenbarung, welche die Welt nicht kennt« legt Christus jetzt durch das Prophetische Wort alle wesentlichen Aspekte Seines Erdenlebens und Seiner Lehre dar, die weit über den Inhalt der Bibel hinausgehen.

Dort erfahren wir auch (Kap. 46, 7-21), daß Jesus bereits vor zweitausend Jahren der Menschheit die Zwölf Gebote gab, die Gebote für das werdende Friedensreich auf dieser Erde. Sie sind eine Fortführung der Zehn Gebote Mose durch Christus, den Sohn Gottes, den Erlöser aller Menschen und Seelen. In diesem Offenbarungswerk heißt es:

Und Jesus sprach zu ihnen: »Siehe, Ich gebe euch ein neues Gesetz, welches aber nicht neu ist, sondern alt. Ebenso wie Moses die Zehn Gebote gab dem Volk Israel dem Fleische nach, so will Ich euch die zwölf Gebote geben für das Reich Israel dem Heiligen Geiste nach.

Wer ist dieses Israel Gottes? Alle aus jedem Volk und jedem Stamme, welche Gerechtigkeit üben, Liebe und Barmherzigkeit und Meine Gebote befolgen, diese sind das wahre Israel Gottes.« Und sich erhebend, sprach Jesus:

»Höre, o Israel, Jehova, dein Gott, ist der Eine. Ich habe viele Seher und Propheten. In Mir leben und bewegen sich alle und haben ihr Dasein.

Ihr sollt nicht das Leben nehmen irgendeinem Geschöpfe aus Vergnügen oder zu eurem Vorteil, noch es quälen.

Ihr sollt nicht das Gut eines anderen stehlen, auch nicht für euch selbst Länder und Reichtümer sammeln, mehr, als ihr bedürfet.

Ihr sollt nicht das Fleisch essen noch das Blut eines getöteten Geschöpfes trinken, noch etwas anderes, welches Schaden eurer Gesundheit oder eurem Bewußtsein bringt.

Ihr sollt keine unreinen Ehen schließen, wo keine Liebe und Reinheit sind, noch euch selbst verderben oder irgendein Geschöpf, das von dem Heiligen rein geschaffen worden ist.

Ihr sollt kein falsches Zeugnis geben gegen euren Nächsten, noch willentlich jemand täuschen durch eine Lüge, um ihm zu schaden.

Ihr sollt niemandem tun, was ihr nicht wollt, daß man euch tue.

Ihr sollt anbeten den Einen, den Vater im Himmel, von dem alles kommt, und ehren Seinen heiligen Namen.

Ihr sollt ehren eure Väter und Mütter, welche für euch sorgen, ebenso alle gerechten Lehrer.*

Ihr sollt lieben und beschützen die Schwachen und Unterdrückten und alle Geschöpfe, welche Unrecht erleiden.

---

* Christus: »ehren« bedeutet hier soviel wie »achten«.

Ihr sollt mit euren Händen alles erarbeiten, was gut und geboten ist. So sollt ihr essen die Früchte der Erde, auf daß ihr lange lebt in dem Land.

Ihr sollt euch reinigen alle Tage und am siebenten Tage ausruhen von eurer Arbeit und den Sabbat und die Feste eures Gottes heilig halten.

Ihr sollt den anderen das tun, was ihr wollt, das man euch tue.«

Anhang

Bücher

Das ist Mein Wort
A *und* Ω
Das Evangelium Jesu

Die Christus-Offenbarung, welche die Welt nicht kennt

»Wer es fassen kann, der fasse es«, hat Jesus von Nazareth oftmals gesagt. Der Christus Gottes, der in Jesus inkarniert war, spricht auch heute durch Prophetenmund zur Menschheit. Er bedient sich eines Instruments, durch das Er spricht: Es ist eine Frau - eine Prophetin -, durch die Er sich erneut offenbart. Christus, der große Geist der Erlösung, legt authentisch Seine Lehre und Sein Leben dar. Er greift auf ein inspiriertes Evangelium (»Das Evangelium Jesu«) zurück und erklärt, berichtigt und vertieft das dort gegebene Wort. Von Christus selbst erhalten wir Antworten auf unsere tiefsten Fragen - Seine Darlegungen beziehen sich auf alle Bereiche des inneren und äußeren Lebens.

Aus dem Inhalt: Es gibt keinen strafenden Gott - Gott ist unbegrenzte Liebe und Freiheit - Die Geburt Jesu - Kindheit und Jugend Jesu - Das Fallgeschehen - Pharisäer gestern und heute - Gleichheit von Mann und Frau - Jeder Mensch ist ein Tempel Gottes - Erklärung des »Speisungs-wunders« - Aussterben vieler Tierarten - Vom Wesen Gottes - Verrat und Reue des Judas - Nach der Auferstehung Christi - u.v.m.

1114 S., geb., Best.-Nr. S 007, DM/SFr 25,-, ÖS 183,-

ISBN 3-89201-053-6

Gerne übersenden wir Ihnen eine kostenlose Leseprobe dieses Werkes.

Die großen kosmischen Lehren
des Jesus von Nazareth
an Seine Apostel und Jünger,
die es fassen konnten

296 S., geb., Best.-Nr. S 134, DM/SFr 35,-, ÖS 256,-

mit Erläuterungen von Gabriele

Band 1: 256 S., geb., Best.-Nr. S 317, DM/SFr 35,-, ÖS 256,-
Band 2: 270 S., geb., Best.-Nr. S 319, DM/SFr 35,-, ÖS 256,-
Band 3: 256 S., geb., Best.-Nr. S 320, DM/SFr 35,-, ÖS 256,-
Band 4: 262 S., geb., Best.-Nr. S 321, DM/SFr 35,-, ÖS 256,-
Band 5: 336 S., geb., Best.-Nr. S 322, DM/SFr 35,-, ÖS 256,-

Der Feldzug der Schlange
und das Wirken der Taube
Die Gottesprophetie der Zeitenwende
Christian Sailer
Ein Anwalt berichtet

408 S., geb., Best.-Nr. S 432, DM/SFr 39,80, ÖS 291,-

Kostenlose Leseprobe
auf Anforderung erhältlich

Der Richter:
Und es ist doch GOTT, der Ewige
Die Wahrheit über Gabriele, die Prophetin Gottes
124 S., geb., Best.-Nr. S 431, DM/SFr 22,80, ÖS 166,-

Dein Leben im Diesseits
ist Dein Leben im Jenseits
136 S., kart., Best.-Nr. S 316, DM/SFr 20,-, ÖS 146,-

Ursache und Entstehung aller Krankheiten

Diese große Christus-Offenbarung gibt Einblick in die tiefsten Zusammenhänge der reinen Schöpfung und der Entstehung der Materie und des menschlichen Körpers. Wir erfahren auch, wie wir durch ein entsprechendes Denken und Leben über die Begrenzungen des ichbezogenen menschlichen Daseins hinauswachsen und in das kosmische Bewußtsein gelangen können. »Gesundheit, Glück und Freiheit liegen in uns selbst. Diese Offenbarung des Herrn zeigt uns den Weg dorthin.«
Christus gibt uns konkrete Hilfen und Hinweise, auch zur rechten Lebensführung und zum Umgang mit der Natur. Dieses Buch ist eine unerschöpfliche Quelle der Hilfe auf dem Weg zur Ganzheitsheilung.

348 S., geb., Best.-Nr. S 117, DM/SFr 35,-, ÖS 256,-

SEIN AUGE
Die Buchhaltung Gottes
Der Mikrokosmos im Makrokosmos

212 S., geb., Best.-Nr. S 318, DM/SFr 27,-, ÖS 197,-

Die Kosmische Uhr und das Netzwerk Deiner Haut
Dein Schicksal liegt in Deiner Hand

188 S., geb., Best.-Nr. S 328, DM/SFr 38,50, ÖS 281,-

ICH . ICH . ICH
Die Spinne im Netz
Das Entsprechungsgesetz und das Gesetz der Projektion

288 S., geb., Best.-Nr. S 325, DM/SFr 34,80, ÖS 254,-

Glaubensheilung - die Ganzheitsheilung

Ein Buch, das jedem nahebringt, worauf es im Leben wirklich ankommt - es läßt dem Leser die Kostbarkeit des Erdenlebens bewußt werden. Das Buch enthält detaillierte Aufklärung über die Zusammenhänge zwischen Krankheit bzw. Gesundheit und unserer eigenen Lebensweise, und vor allem: Es vermittelt uns GOTT als die Kraftquelle im Innersten jedes Menschen. - *Aus dem Inhalt:* Unser Körper kann von sich aus nicht erkranken · Urchristliche Glaubensheilung bedeutet Aktivierung des Glaubens an Christus, indem der Mensch seine Tage nützt · Die Kraftquelle GOTT vermag alles · Der Unterschied zwischen Geistheiler und urchristlichem Glaubensheiler · Eine Übung, um an uns selbst zu erfassen, wie unsere Gefühle und Gedanken auf unsere Atmung einwirken · Das Wort »unheilbar« grenzt die Hoffnung aus · u.v.m.

144 S., geb., Best.-Nr. S 330, DM/SFr 22,80, ÖS 166,-, ISBN 3-89201-108-7

Verlag DAS WORT GmbH
Max-Braun-Str. 2, 97828 Marktheidenfeld
Tel. 09391/504-135, Fax 09391/504-133

Internet: http//www.das-wort.com
e-mail: info@das-wort.com

Der Prophet

Die Stimme des Herzens, die ewige Wahrheit,
das ewige Gesetz Gottes,
gegeben von der Prophetin Gottes für unsere Zeit
Das Fundamentale in unserer Zeit zum
Nachdenken und zur Selbsterkenntnis

Nr. 1 Fragen an die Prophetin Gottes
Nr. 2 Fragen über Prophetie
Nr. 3 Die Stellung der Frau in der Gemeinde
Nr. 4 Der Aufbau des göttlichen Werkes und die Tat - die Betriebswirtschaft nach der Bergpredigt -, vom Geiste des Christus Gottes empfangen
Nr. 5 Verfolgung wegen Nachfolge Jesu.
Das Glaubens- und Lebensbekenntnis der Urchristen im Universellen Leben
Nr. 6 Die Pirouetten des Lebens. Das Schicksal. Mein Schicksal, dein Schicksal, unser Schicksal, wessen Lebensplan? Der gerechte und der ungerechte Gott?
Nr. 7 Weihnachten, das höchste Fest des Jahres?
Nr. 7a Das Leben der »Christen« im Jahreslauf
Nr. 8 Der sklavische Glaube und seine »Geheimnisse«
Nr. 9 Der Einheimische und der Prophet
Nr. 10 Der Jugendliche und der Prophet
Nr. 11 Wurde das Kirchenvolk kirchlich indoktriniert und gleichgeschaltet? Was ist Innere Religion - was ist äußere Religion? Was ist Freiheit - was ist Unfreiheit?
Nr. 12 Der Unbekannte, der sich selbst fremd ist - Brauchen wir »Heilige« als Fürbitter? - Mutter Jesu, Mutter Gottes? - Die Erbsünde - Dogma und Zwang zum Glauben - Die Nachfolge Jesu
Nr. 13 Schlagt die Bibel zu! Der Verrat an Jesus, dem Christus, und an den Propheten
Nr. 14 Der Atheist - ein Freund des Propheten? Das Sittengemälde der heutigen Zeit

Alle Broschüren kostenlos bei Verlag DAS WORT